Das gefleckte Band – Ein Sherlock Holmes Abenteuer -
Zweisprachig Deutsch Englisch - Mit nebeneinander angeordneten Übersetzung

von

Sir Arthur Conan Doyle

Deutsche Übersetzung
Beate Ziebell

Synchronisation und Bearbeitung © Beate Ziebell

Impressum:

Englisches Original: Sir Arthur Conan Doyle

Deutsche Übersetzung: Beate Ziebell

Der Originaltext ist gemeinfrei. Die Rechte für die synchronisierte zweisprachigen Ausgabe und der deutschen Übersetzung liegen bei:

Beate Ziebell, Schillerstr.94, 15738 Zeuthen

forum-sprachen-lernen.com

info@forum-sprachen-lernen.com

Herstellung und Druck: Siehe Eindruck auf der letzten Seite

ISBN-13: 978-1540610249

ISBN-10: 1540610241

Umschlaggestaltung: Beate Ziebell

Illustrationen: Sidney Paget

Inhaltsverzeichnis

Miss Stoner erzählt ihre Geschichte - Miss Stoner tells her story........5
Ein Besuch in Stoke Moran - A visit to Stoke Moran........................29
Holmes und Watson verhindern ein schreckliches Verbrechen -
Holmes and Watson prevent a horrible crime................................40

Informationen zum Erhalt eines
kostenlosen Hörbuchdownloads am
Ende des Buches.

Miss Stoner erzählt ihre Geschichte - Miss Stoner tells her story

Während ich die Notizen über die siebzig seltsamen Fälle überflog, in denen ich in den letzten acht Jahren die Methoden meines Freunds Sherlock Holmes studierte,	On glancing over my notes of the seventy odd cases in which I have during the last eight years studied the methods of my friend Sherlock Holmes,
fand ich viele tragisch, manche komisch, eine große Anzahl schier seltsam, aber keine alltäglich, denn	I find many tragic, some comic, a large number merely strange, but none commonplace; for,
er arbeitete mehr aus Liebe zu seinem Beruf als für die Anhäufung von Reichtum.	working as he did rather for the love of his art than for the acquirement of wealth,
Er lehnte es ab, sich mit Ermittlungen zu befassen, die nicht eine Neigung zum Ungewöhnlichen oder sogar Fantastischen beinhalteten.	he refused to associate himself with any investigation which did not tend towards the unusual, and even the fantastic.
Von all diesen unterschiedlichen Fällen jedoch kann ich mich an keinen erinnern, der mehr einzigartige Besonderheiten hatte als derjenige, der mit einer wohlbekannten Familie aus Surrey, den Roylotts of Stoke Moran, in Verbindung stand.	Of all these varied cases, however, I cannot recall any which presented more singular features than that which was associated with the well-known Surrey family of the Roylotts of Stoke Moran.
Die infrage stehenden Ereignisse fanden in den frühen Tagen meines Umgangs mit Holmes statt, als wir als Junggesellen die Räume in der Baker Street teilten.	The events in question occurred in the early days of my association with Holmes, when we were sharing rooms as bachelors in Baker Street.
Es ist möglich, dass ich die Aufzeichnungen früher niedergelegt hätte, aber ein Versprechen des Stillschweigens war zu der Zeit gemacht worden, von dem ich erst im letzten Monat befreit wurde durch den frühen Tod der Dame, der das Versprechen gegeben worden war.	It is possible that I might have placed them upon record before, but a promise of secrecy was made at the time, from which I have only been freed during the last month by the untimely death of the lady to whom the pledge was given.
Es ist vielleicht gut, dass die Fakten nun ans Licht gelangen, da ich Grund zur Annahme habe, dass die weit gestreuten Gerüchte über den Tod Dr. Grimesby	It is perhaps as well that the facts should now come to light, for I have reasons to know that there are widespread rumours as to the death of Dr. Grimesby Roylott

Roylott dazu tendieren, die Sache sogar noch schrecklicher zu machen als die Wahrheit.	which tend to make the matter even more terrible than the truth.
Es war Anfang April des Jahres 1893, als ich eines Morgens erwachte, Sherlock Holmes vollständig bekleidet an der Seite meines Betts findend.	It was early in April in the year '83 that I woke one morning to find Sherlock Holmes standing, fully dressed, by the side of my bed.
Er war für gewöhnlich ein Spätaufsteher, und da die Uhr auf dem Kaminsims mir anzeigte, dass es erst Viertel nach sieben war, blinzelte ich ihn etwas überrascht und vielleicht mit ein ganz klein wenig Unmut an, denn ich hatte ebenfalls meine regelmäßigen Gewohnheiten.	He was a late riser, as a rule, and as the clock on the mantelpiece showed me that it was only a quarter-past seven, I blinked up at him in some surprise, and perhaps just a little resentment, for I was myself regular in my habits.
„Es tut mir sehr leid, Sie aufzuwecken, Watson", sagte er , „aber das ist das allgemeine Los an diesem Morgen.	"Very sorry to knock you up, Watson," said he, "but it's the common lot this morning.
Mrs. Hudson wurde herausgeklopft, sie weckte mich und ich Sie."	Mrs. Hudson has been knocked up, she retorted upon me, and I on you."
„Was gibt es denn - ein Feuer?"	"What is it, then--a fire?"
„Nein, ein Client.	"No; a client.
Es scheint, dass eine junge Dame im Zustand erheblicher Aufregung angekommen ist, die darauf besteht, mich zu sehen.	It seems that a young lady has arrived in a considerable state of excitement, who insists upon seeing me.
Sie wartet nun im Wohnzimmer.	She is waiting now in the sitting-room.
Nun, wenn junge Damen zu dieser Stunde in der Stadt umherziehen und schläfrige Menschen aus ihren Betten klopfen, nehme ich an, es muss etwas sehr Dringendes sein, was sie mitteilen wollen.	Now, when young ladies wander about the metropolis at this hour of the morning, and knock sleepy people up out of their beds, I presume that it is something very pressing which they have to communicate.
Sollte es sich als ein interessanter Fall erweisen, würden Sie ihn, da bin ich sicher, von Anfang an verfolgen wollen.	Should it prove to be an interesting case, you would, I am sure, wish to follow it from the outset.
Ich dachte auf jeden Fall, dass ich Ihnen die Gelegenheit dazu geben sollte."	I thought, at any rate, that I should call you and give you the chance."
„Mein lieber Freund, ich würde es für nichts in der Welt verpassen wollen."	"My dear fellow, I would not miss it for anything."
Ich hatte kein intensiveres Vergnügen, als Holmes in seinen beruflichen Untersuchungen zu folgen, den	I had no keener pleasure than in following Holmes in his professional investigations, and in admiring the rapid

schnellen Schlussfolgerungen, als ob von raschen Intuitionen eingegeben, und doch immer auf einer logischen Grundlage beruhend, mit dem er die Probleme entwirrte, die ihm vorgelegt wurden.	deductions, as swift as intuitions, and yet always founded on a logical basis with which he unravelled the problems which were submitted to him.
Ich warf mich rasch in meine Kleidung und war in ein paar Minuten so weit, meinen Freund ins Wohnzimmer zu begleiten.	I rapidly threw on my clothes and was ready in a few minutes to accompany my friend down to the sitting-room.
Eine Dame, schwarz gekleidet und tief verschleiert, hatte am Fenster gesessen und erhob sich, als wir eintraten.	A lady dressed in black and heavily veiled, who had been sitting in the window, rose as we entered.
„Guten Morgen, gnädige Frau", sagte Holmes freundlich.	"Good-morning, madam," said Holmes cheerily.
„Mein Name ist Sherlock Holmes.	"My name is Sherlock Holmes.
Das ist mein enger Freund und Kollege, Dr. Watson, vor dem Sie so offen sprechen können wie vor mir selbst.	This is my intimate friend and associate, Dr. Watson, before whom you can speak as freely as before myself.
Ha!	Ha!
Ich freue mich zu sehen, dass Mrs. Hudson so gut war, das Feuer zu entfachen.	I am glad to see that Mrs. Hudson has had the good sense to light the fire.
Bitte rücken Sie heran. Ich werde Ihnen eine Tasse heißen Kaffee bestellen, denn ich sehe, wie Sie zittern."	Pray draw up to it, and I shall order you a cup of hot coffee, for I observe that you are shivering."
„Es ist nicht die Kälte, die mich schaudern lässt", sagte die Frau mit leiser Stimme, ihren Platz der Bitte entsprechend wechselnd.	"It is not cold which makes me shiver," said the woman in a low voice, changing her seat as requested.
„Was dann?"	"What, then?"
„Es ist die Angst, Mr. Holmes.	"It is fear, Mr. Holmes.
Es ist das Grauen."	It is terror."
Während sie sprach, hob sie ihren Schleier, und wir konnten sehen, dass sie sich in der Tat in einem bedauernswerten Zustand der Aufregung befand, ihr Gesicht war abgehärmt und grau, mit unruhigen, angstvollen Augen wie die von einem gehetzten Tier.	She raised her veil as she spoke, and we could see that she was indeed in a pitiable state of agitation, her face all drawn and grey, with restless frightened eyes, like those of some hunted animal.
Ihre Züge und Gestalt waren die einer Frau von dreißig Jahren, aber ihr Haar	Her features and figure were those of a woman of thirty, but her hair was shot

war mit vorzeitigem Grau gesprenkelt, und ihre Gesichtszüge waren müde und ausgezehrt.

Sherlock Holmes musterte sie mit seinen schnellen, allumfassenden Blicken.

with premature grey, and her expression was weary and haggard.

Sherlock Holmes ran her over with one of his quick, all-comprehensive glances.

„Sie müssen sich nicht fürchten", sagte er beruhigend, beugte sich vor und tätschelte ihren Arm.

„Wir werden die Angelegenheit bald in Ordnung bringen, daran habe ich keinen Zweifel.

Sie sind diesen Morgen mit dem Zug gekommen, wie ich sehe."

„Dann kennen Sie mich?"

„Nein, aber ich sehe die zweite Hälfte des Zugfahrscheins in der Handfläche ihres linken Handschuhs.

Sie müssen zeitig aufgebrochen sein, und Sie hatten eine ganz schöne Strecke mit der Kutsche zurückzulegen, bevor Sie die Station erreichten."

Die Dame zuckte heftig zusammen und starrte mit Verwirrung auf meinen Freund.

"You must not fear," said he soothingly, bending forward and patting her forearm.

"We shall soon set matters right, I have no doubt.

You have come in by train this morning, I see."

"You know me, then?"

"No, but I observe the second half of a return ticket in the palm of your left glove.

You must have started early, and yet you had a good drive in a dog-cart, along heavy roads, before you reached the station."

The lady gave a violent start and stared in bewilderment at my companion.

„Das ist nicht rätselhaft, meine liebe Dame", sagte er lächelnd.

„Der linke Arm ihrer Jacke ist an nicht weniger als sieben Stellen mit Schlamm bespritzt.

Die Flecken sind ganz frisch.

Es gibt kein anderes Fahrzeug, das Schlamm in dieser Art hochschleudert, als eine Kutsche, und auch nur dann, wenn man linker Hand zum Kutscher sitzt."

„Was auch immer ihre Begründungen sind, Sie haben vollkommen recht", sagte sie.

„Ich brach von zu Hause vor sechs Uhr auf, erreichte Leatherhead um zwanzig nach und kam mit dem ersten Zug nach Waterloo hierher.

Sir, ich kann diese Belastung nicht länger aushalten, ich werde noch verrückt, wenn es so weitergeht.

Ich habe niemanden, an den ich mich wenden kann, niemanden außer einem Einzigen, und er, der arme Kerl ist wenig hilfreich.

Ich habe von Ihnen gehört, Mr. Holmes, ich habe von Ihnen durch Mrs. Farintosh gehört, welcher Sie in der Stunde ihrer schlimmsten Not geholfen haben.

Von ihr habe ich Ihre Adresse.

Oh, Sir, glauben Sie nicht, dass Sie mir auch helfen können und wenigstens ein bisschen Licht in die dichte Dunkelheit bringen können, die mich umgibt?

Im Moment ist es nicht in meiner Macht, Sie für Ihre Dienste zu belohnen, aber in einem Monat oder in sechs Wochen werde ich verheiratet sein, mit Kontrolle über mein eigenes Einkommen, und dann wenigstens werden Sie mich nicht undankbar finden."

Holmes wandte sich zu seinem

"There is no mystery, my dear madam," said he, smiling.

"The left arm of your jacket is spattered with mud in no less than seven places.

The marks are perfectly fresh.

There is no vehicle save a dog-cart which throws up mud in that way, and then only when you sit on the left-hand side of the driver."

"Whatever your reasons may be, you are perfectly correct," said she.

"I started from home before six, reached Leatherhead at twenty past, and came in by the first train to Waterloo.

Sir, I can stand this strain no longer; I shall go mad if it continues.

I have no one to turn to--none, save only one, who cares for me, and he, poor fellow, can be of little aid.

I have heard of you, Mr. Holmes; I have heard of you from Mrs. Farintosh, whom you helped in the hour of her sore need.

It was from her that I had your address.

Oh, sir, do you not think that you could help me, too, and at least throw a little light through the dense darkness which surrounds me?

At present it is out of my power to reward you for your services, but in a month or six weeks I shall be married, with the control of my own income, and then at least you shall not find me ungrateful."

Holmes turned to his desk and,

Schreibtisch, schloss ihn auf und zog ein kleines Fallbuch heraus, welches er zurate zog.

„Farintosh", sagte er.

„Ach ja, ich erinnere mich an den Fall, er bezog sich auf einen Tiaras-Opal.

Ich glaube, es war vor Ihrer Zeit, Watson.

Ich kann nur sagen, gnädige Frau, dass ich mich glücklich schätze, Ihrem Fall die gleiche Sorgfalt zu widmen, wie ich es im Fall Ihrer Freundin tat.

Was die Entlohnung betrifft: Mein Beruf hat eine ihm eigene Entlohnung, aber Sie haben die Freiheit, alle Ausgaben zu erstatten, welche ich vielleicht habe, zu der Zeit, zu der es Ihnen am besten passt.

Und jetzt bitte ich Sie, uns alles darzulegen, was uns helfen wird, uns eine Meinung über die Angelegenheit zu bilden."

„Ach", antwortete unsere Besucherin,

„das unmittelbare Grauen meiner Situation besteht in der Tatsache, dass meine Ängste so unbestimmt sind und mein Verdacht so vollkommen von kleinen Dingen abhängt.

Diese könnten für andere banal aussehen, sodass selbst derjenige, zu dem ich vor allen anderen das Recht hätte, nach Hilfe und Rat zu suchen, es für Marotten einer nervösen Frau hält.

Das sagt er nicht so, aber ich kann es seinen besänftigenden Antworten und ausweichendem Blick entnehmen.

Aber ich habe gehört, Mr. Holmes, dass Sie tief in die mannigfaltige Bosheit des menschlichen Herzens blicken können.

Sie können mir Rat geben, wie ich die Gefahr durchschreite, die mich umgibt."

„Ihnen gehört meine ganze Aufmerksamkeit, Madam."

unlocking it, drew out a small casebook, which he consulted.

"Farintosh," said he.

"Ah yes, I recall the case; it was concerned with an opal tiara.

I think it was before your time, Watson.

I can only say, madam, that I shall be happy to devote the same care to your case as I did to that of your friend.

As to reward, my profession is its own reward; but you are at liberty to defray whatever expenses I may be put to, at the time which suits you best.

And now I beg that you will lay before us everything that may help us in forming an opinion upon the matter."

"Alas!" replied our visitor,

"the very horror of my situation lies in the fact that my fears are so vague, and my suspicions depend so entirely upon small points,

which might seem trivial to another, that even he to whom of all others I have a right to look for help and advice looks upon all that I tell him about it as the fancies of a nervous woman.

He does not say so, but I can read it from his soothing answers and averted eyes.

But I have heard, Mr. Holmes, that you can see deeply into the manifold wickedness of the human heart.

You may advise me how to walk amid the dangers which encompass me."

"I am all attention, madam."

„Mein Name ist Helen Stoner, und ich lebe zusammen mit meinem Stiefvater, welcher der letzte Überlebende einer der ältesten sächsischen Familien in England ist, der Roylotts of Stoke Moran, an der westlichen Grenze von Surrey."	"My name is Helen Stoner, and I am living with my stepfather, who is the last survivor of one of the oldest Saxon families in England, the Roylotts of Stoke Moran, on the western border of Surrey."
Holmes nickte mit dem Kopf.	Holmes nodded his head.
„Der Name ist mir bekannt", sagte er.	"The name is familiar to me," said he.
„Die Familie gehörte einmal zu den reichsten in England, und das Anwesen erstreckte sich über die Grenzen nach Berkshire im Norden und Hampshire im Westen.	"The family was at one time among the richest in England, and the estates extended over the borders into Berkshire in the north, and Hampshire in the west.
Im letzten Jahrhundert jedoch waren vier der Erben von ausschweifendem und verschwenderischem Charakter, und der Familienruin wurde schließlich von einem Spieler zuzeiten der 'Regency' vollendet.	In the last century, however, four successive heirs were of a dissolute and wasteful disposition, and the family ruin was eventually completed by a gambler in the days of the Regency.
Nichts war übrig außer ein paar Morgen Land und ein zweihundert Jahre altes Haus, das mit einer hohen Hypothek belastet ist.	Nothing was left save a few acres of ground, and the two-hundred-year-old house, which is itself crushed under a heavy mortgage.
Der letzte Gutsherr führte eine dahinsiechende Existenz und lebte das schreckliche Leben eines aristokratischen Bettlers.	The last squire dragged out his existence there, living the horrible life of an aristocratic pauper;
Aber sein einziger Sohn, mein Stiefvater, sah dass er sich den neuen Bedingungen anpassen musste, erhielt einen Vorschuss von einem Verwandten, welches ihm ein Medizinstudium ermöglichte.	but his only son, my stepfather, seeing that he must adapt himself to the new conditions, obtained an advance from a relative, which enabled him to take a medical degree and
Er ging nach Kalkutta, wo er durch seine medizinischen Kenntnisse und seinen entschlossenen Charakter in der Lage war, eine große Praxis zu etablieren.	went out to Calcutta, where, by his professional skill and his force of character, he established a large practice.
In einem Anfall von Wut jedoch, verursacht durch einige Diebstähle, die im Haus verübt worden waren, schlug er seinen einheimischen Butler zu Tode und entging nur knapp dem Todesurteil.	In a fit of anger, however, caused by some robberies which had been perpetrated in the house, he beat his native butler to death and narrowly escaped a capital sentence.

Wie dem auch sei, er verbüßte eine lange Gefängnisstrafe, und danach kam er als mürrischer und enttäuschter Mann nach England zurück.	As it was, he suffered a long term of imprisonment and afterwards returned to England a morose and disappointed man.
Als Dr. Roylott in Indien war, heiratete er meine Mutter, Mrs. Stoner, die junge Witwe des Generalmajors Stoner der bengalischen Artillerie.	When Dr. Roylott was in India he married my mother, Mrs. Stoner, the young widow of Major-General Stoner, of the Bengal Artillery.
Meine Schwester Julia und ich waren Zwillinge, und wir waren erst zwei Jahre alt, als meine Mutter wieder heiratete.	My sister Julia and I were twins, and we were only two years old at the time of my mother's re-marriage.
Sie hatte eine beträchtliche Summe Geld - nicht weniger als 1000 Pfund pro Jahr - und diese Summe überließ sie vollständig Dr. Roylott, während wir mit ihm lebten, mit der Verfügung, dass jeder von uns im Falle der Eheschließung eine bestimmte jährliche Summe gewährt werden würde.	She had a considerable sum of money-- not less than 1000 pounds a year--and this she bequeathed to Dr. Roylott entirely while we resided with him, with a provision that a certain annual sum should be allowed to each of us in the event of our marriage.
Kurz nach der Rückkehr nach England starb meine Mutter - sie wurde vor acht Jahren bei einem Zugunglück nahe Crewe getötet.	Shortly after our return to England my mother died--she was killed eight years ago in a railway accident near Crewe.
Dr. Roylott gab dann seine Versuche auf, eine Praxis in London zu etablieren, und nahm uns mit, um mit ihm im alten Stammhaus in Stoke Moran zu leben.	Dr. Roylott then abandoned his attempts to establish himself in practice in London and took us to live with him in the old ancestral house at Stoke Moran.
Das Geld, das meine Mutter hinterlassen hatte, war ausreichend, um alle unsere Bedürfnisse zu befriedigen, und so schien es kein Hindernis für unser Glück zu geben.	The money which my mother had left was enough for all our wants, and there seemed to be no obstacle to our happiness.
Aber eine schreckliche Veränderung überkam meinen Stiefvater zu dieser Zeit.	But a terrible change came over our stepfather about this time.
Statt Freunde zu gewinnen und Besuche mit den Nachbarn auszutauschen, welche zunächst überglücklich darüber waren, einen Roylott of Stoke Moran zurück im alten Familiensitz zu sehen, zog er sich in sein Haus zurück und kam selten heraus, nur um dann wilden Streitereien zu frönen mit allen, die ihm über den Weg liefen.	Instead of making friends and exchanging visits with our neighbours, who had at first been overjoyed to see a Roylott of Stoke Moran back in the old family seat, he shut himself up in his house and seldom came out save to indulge in ferocious quarrels with whoever might cross his path.

Ein gewalttätiges Temperament, welches nahezu Raserei erreicht, wird in der männlichen Linie der Familie vererbt, und im Falle meines Stiefvaters, denke ich, wurde es noch intensiviert durch den langen Aufenthalt in den Tropen.	Violence of temper approaching to mania has been hereditary in the men of the family, and in my stepfather's case it had, I believe, been intensified by his long residence in the tropics.
Es fand eine Reihe von schändlichen Schlägereien statt, und zwei davon endeten vor Gericht.	A series of disgraceful brawls took place, two of which ended in the police-court,
Schließlich wurde er der Schrecken des Dorfes, und die Leute ergriffen die Flucht, wenn er sich näherte, denn er ist ein Mann von ungeheurer Kraft und absolut unkontrollierbar in seinem Zorn.	until at last he became the terror of the village, and the folks would fly at his approach, for he is a man of immense strength, and absolutely uncontrollable in his anger.
Letzte Woche schleuderte er den Schmied über eine Brüstung in einen Strom, und es war nur unter Zahlung allen Geldes, was ich sammeln konnte, möglich, eine erneute öffentliche Bloßstellung zu vermeiden.	Last week he hurled the local blacksmith over a parapet into a stream, and it was only by paying over all the money which I could gather together that I was able to avert another public exposure.
Er hat keine Freunde außer umherziehenden Zigeuner. Diesen Vagabunden gibt er die Erlaubnis, auf ein paar Morgen brombeerstrauchbedeckten Landes zu lagern, welches zum Familienbesitz gehört.	He had no friends at all save the wandering gipsies, and he would give these vagabonds leave to encamp upon the few acres of bramble-covered land which represent the family estate,
Im Gegenzug nimmt er die Gastfreundschaft ihrer Zelte in Anspruch und zieht manchmal wochenlang mit ihnen umher.	and would accept in return the hospitality of their tents, wandering away with them sometimes for weeks on end.
Er hat eine Leidenschaft für indische Tiere, die ihm über einen Mittelsmann übersendet werden.	He has a passion also for Indian animals, which are sent over to him by a correspondent,
Er hat im Moment einen Geparden und einen Pavian, die sich frei auf seinem Grund bewegen und bei den Dorfbewohnern fast so gefürchtet sind wie ihr Herr.	and he has at this moment a cheetah and a baboon, which wander freely over his grounds and are feared by the villagers almost as much as their master.
Sie können sich durch meine Erzählungen vorstellen, dass meine arme Schwester Julia und ich nur wenig Freude im Leben hatten.	You can imagine from what I say that my poor sister Julia and I had no great pleasure in our lives.

Kein Diener wollte bei uns bleiben, und für lange Zeit erledigten wir alle Arbeiten im Haus.	No servant would stay with us, and for a long time we did all the work of the house.
Sie war erst dreißig, als sie starb, und doch begann ihr Haar schon grau zu werden wie das meine."	She was but thirty at the time of her death, and yet her hair had already begun to whiten, even as mine has."
„Ihre Schwester ist also tot?"	"Your sister is dead, then?"
„Sie starb genau vor zwei Jahren, und über ihren Tod möchte ich mit Ihnen sprechen.	"She died just two years ago, and it is of her death that I wish to speak to you.
Sie können sich vorstellen, dass es bei dem Leben, das ich Ihnen beschrieben habe, kaum wahrscheinlich war, jemanden unseres Alters und unserer Position kennenzulernen.	You can understand that, living the life which I have described, we were little likely to see anyone of our own age and position.
Wir hatten jedoch eine Tante, die unverheiratete Schwester meiner Mutter, Miss Honoria Westphail, welche in der Nähe von Harrow lebt und deren Haus uns erlaubt war gelegentlich kurz zu besuchen.	We had, however, an aunt, my mother's maiden sister, Miss Honoria Westphail, who lives near Harrow, and we were occasionally allowed to pay short visits at this lady's house.
Julia ging zu Weihnachten vor zwei Jahren dorthin und traf dort einen Major der Marines auf halbem Sold, mit dem sie sich verlobte.	Julia went there at Christmas two years ago, and met there a half-pay major of marines, to whom she became engaged.
Mein Stiefvater erfuhr von der Verlobung, als meine Schwester zurückkehrte, und erhob keine Einwände gegen die Heirat, aber zwei Wochen vor dem Tag, der für die Heirat festgelegt wurde, ereignete sich der schreckliche Vorfall, welcher mich um meine einzige Gefährtin brachte."	My stepfather learned of the engagement when my sister returned and offered no objection to the marriage; but within a fortnight of the day which had been fixed for the wedding, the terrible event occurred which has deprived me of my only companion."
Sherlock Holmes hatte sich mit geschlossenen Augen und den Kopf halb in ein Kissen versunken in seinem Stuhl zurückgelehnt, nun aber öffnete er halb die Augen und schaute hinüber zu seiner Besucherin.	Sherlock Holmes had been leaning back in his chair with his eyes closed and his head sunk in a cushion, but he half opened his lids now and glanced across at his visitor.
„Bitte seien Sie in allen Details präzise", sagte er.	"Pray be precise as to details," said he.
„Es fällt mir leicht, da jedes Ereignis dieser schrecklichen Zeit in mein Gedächtnis eingebrannt ist.	"It is easy for me to be so, for every event of that dreadful time is seared into my memory.

Das Herrenhaus ist, wie ich schon gesagt habe, sehr alt, und nun wird nur ein Flügel bewohnt.	The manor-house is, as I have already said, very old, and only one wing is now inhabited.
Die Schlafzimmer in diesem Flügel befinden sich im Erdgeschoss, die Wohnzimmer im zentralen Block des Gebäudes.	The bedrooms in this wing are on the ground floor, the sitting-rooms being in the central block of the buildings.
Von diesen Schlafzimmern ist das erste das von Dr. Roylott, das zweite das meiner Schwester und das dritte mein eigenes.	Of these bedrooms the first is Dr. Roylott's, the second my sister's, and the third my own.
Es gibt keine Verbindung zwischen ihnen, aber alle öffnen sich in Richtung desselben Flurs.	There is no communication between them, but they all open out into the same corridor.
Habe ich mich klar ausgedrückt?"	Do I make myself plain?"
„Vollkommen klar."	"Perfectly so."
„Die Fenster der drei Räume öffnen sich zur Rasenfläche.	"The windows of the three rooms open out upon the lawn.
In der verhängnisvollen Nacht war Dr. Roylott zeitig in sein Zimmer gegangen, obwohl wir wussten, dass er sich noch nicht zur Ruhe begeben hatte, da meine Schwester der Geruch der starken indischen Zigarren störte, welche er die Gewohnheit hatte zu rauchen.	That fatal night Dr. Roylott had gone to his room early, though we knew that he had not retired to rest, for my sister was troubled by the smell of the strong Indian cigars which it was his custom to smoke.
Sie verließ ihr Zimmer und kam in das meinige, wo sie einige Zeit saß und über ihre bevorstehende Hochzeit plauderte.	She left her room, therefore, and came into mine, where she sat for some time, chatting about her approaching wedding.
Um elf Uhr stand sie auf, um mich zu verlassen, aber sie blieb an der Tür stehen und sah zurück.	At eleven o'clock she rose to leave me, but she paused at the door and looked back.
‚Sag mir, Helen', sprach sie, ‚hast du jemals mitten in der Nacht jemanden pfeifen gehört?'	‚Tell me, Helen,' said she, ‚have you ever heard anyone whistle in the dead of the night?'
‚Niemals', sagte ich.	‚Never,' said I.
‚Ich nehme an, du wirst nicht vielleicht selbst im Schlaf pfeifen?'	‚I suppose that you could not possibly whistle, yourself, in your sleep?'
‚Sicherlich nicht.	‚Certainly not.
Aber warum fragst du?'	But why?'
‚Weil ich in den letzten drei Nächten immer ungefähr um drei Uhr am Morgen eine leises, klares Pfeifen	‚Because during the last few nights I have always, about three in the morning, heard a low, clear whistle.

gehört habe.

Ich bin kein Tiefschläfer, und so hat es mich geweckt.

Ich kann nicht sagen wo es herkam, vielleicht vom Nebenzimmer, vielleicht vom Rasen.

Ich dachte, ich würde dich einfach fragen, ob du es gehört hast.'

‚Nein, habe ich nicht.

Es müssen diese elenden Zigeuner auf der Plantage sein.'

‚Sehr wahrscheinlich.

Und doch, wenn es vom Rasen herkam, frage ich mich, ob du es nicht auch gehört hast.'

‚Ich schlafe aber tiefer als du.'

‚Nun, es hat auf alle Fälle keine große Bedeutung.'

Sie lächelte mich an, schloss meine Tür, und ein paar Momente später hörte ich ihren Schlüssel im Türschloss drehen."

„Wirklich", sagte Holmes.

„War es ihre Gewohnheit, sich immer zur Nacht einzuschließen?"

„Immer."

„Und warum?"

„Ich denke, dass ich erwähnt habe, dass der Doktor einen Geparden und einen Pavian gehalten hat.

Wir hatten kein Gefühl der Sicherheit, wenn unsere Türen nicht abgeschlossen waren."

„Ganz recht.

Bitte fahren sie mit Ihrem Bericht fort."

„Ich konnte in dieser Nacht nicht schlafen.

Ein unbestimmtes Gefühl eines bevorstehenden Unglücks bedrückte mich.

Meine Schwester und ich, wie Sie sich erinnern werden, waren Zwillinge. Und

I am a light sleeper, and it has awakened me.

I cannot tell where it came from-- perhaps from the next room, perhaps from the lawn.

I thought that I would just ask you whether you had heard it.'

‚No, I have not.

It must be those wretched gipsies in the plantation.'

‚Very likely.

And yet if it were on the lawn, I wonder that you did not hear it also.'

‚Ah, but I sleep more heavily than you.'

‚Well, it is of no great consequence, at any rate.'

She smiled back at me, closed my door, and a few moments later I heard her key turn in the lock."

"Indeed," said Holmes.

"Was it your custom always to lock yourselves in at night?"

"Always."

"And why?"

"I think that I mentioned to you that the doctor kept a cheetah and a baboon.

We had no feeling of security unless our doors were locked."

"Quite so.

Pray proceed with your statement."

"I could not sleep that night.

A vague feeling of impending misfortune impressed me.

My sister and I, you will recollect, were twins, and you know how subtle are the

Sie wissen, wie subtil die Verbindungen zwischen zwei Seelen sind, die so eng miteinander verflochten sind.	links which bind two souls which are so closely allied.
Es war eine aufgewühlte Nacht.	It was a wild night.
Der Wind heulte draußen, und der Regen schlug und spritzte gegen die Fenster.	The wind was howling outside, and the rain was beating and splashing against the windows.
Plötzlich, mitten in all dem Trubel des Sturms, brach der wilde Schrei einer verängstigten Frau hervor.	Suddenly, amid all the hubbub of the gale, there burst forth the wild scream of a terrified woman.
Ich wusste, dass es die Stimme meiner Schwester war.	I knew that it was my sister's voice.
Ich sprang aus dem Bett, wickelte einen Schal um mich und eilte auf den Flur.	I sprang from my bed, wrapped a shawl round me, and rushed into the corridor.
Als ich meine Tür öffnete, schien ich ein leises Pfeifen zu hören, wie es meine Schwester beschrieben hatte, und ein paar Minuten später folgte ein klirrender Ton, als ob ein massiver Metallgegenstand herabgefallen war.	As I opened my door I seemed to hear a low whistle, such as my sister described, and a few moments later a clanging sound, as if a mass of metal had fallen.
Als ich den Flur entlangrannte, war die Tür meiner Schwester offen und drehte sich langsam in ihren Angeln.	As I ran down the passage, my sister's door was unlocked, and revolved slowly upon its hinges.
Ich starrte sie entsetzt an, nicht wissend, was als Nächstes folgen würde.	I stared at it horror-stricken, not knowing what was about to issue from it.
Im Licht der Korridorlampe sah ich meine Schwester in der Öffnung erscheinen, ihr Gesicht weiß vor Angst, ihre Hände nach Hilfe tastend, ihre ganze Gestalt vor und zurück schwankend wie die eines Betrunkenen.	By the light of the corridor-lamp I saw my sister appear at the opening, her face blanched with terror, her hands groping for help, her whole figure swaying to and fro like that of a drunkard.
Ich rannte zu ihr und umarmte sie, aber in diesem Moment schienen ihre Knie nachzugeben, und sie fiel zu Boden.	I ran to her and threw my arms round her, but at that moment her knees seemed to give way and she fell to the ground.
Sie wand sich wie jemand mit schrecklichem Schmerz, und ihre Lippen waren fürchterlich verzerrt.	She writhed as one who is in terrible pain, and her limbs were dreadfully convulsed.
Zuerst dachte ich, sie hätte mich nicht erkannt, aber als ich mich über sie beugte, schrie sie plötzlich mit einer Stimme, die ich nie vergessen werde:	At first I thought that she had not recognised me, but as I bent over her she suddenly shrieked out in a voice which I shall never forget,

‚Oh mein Gott! Helen!
Es war das Band!
Das gefleckte Band!'

Da war noch etwas, was sie gern gesagt hätte, und sie stieß mit ihrem Finger in die Luft, in die Richtung des Zimmers vom Doktor, aber ein neuer Krampf ergriff sie und erstickte ihre Worte.

‚Oh, my God! Helen!
It was the band!
The speckled band!'

There was something else which she would fain have said, and she stabbed with her finger into the air in the direction of the doctor's room, but a fresh convulsion seized her and choked her words.

Ich eilte hinaus, rief laut nach meinem Stiefvater und traf ihn im Schlafrock aus seinem Zimmer eilend.

Als er an die Seite meiner Schwester gelangte, war sie bewusstlos, und obwohl er ihr etwas Branntwein einflößte und nach dem Arzt im Dorf schickte, waren alle Versuche vergeblich. Sie sackte langsam in sich zusammen und starb, ohne ihr

I rushed out, calling loudly for my stepfather, and I met him hastening from his room in his dressing-gown.

When he reached my sister's side she was unconscious, and though he poured brandy down her throat and sent for medical aid from the village, all efforts were in vain, for she slowly sank and died without having recovered her consciousness.

Bewusstsein wiederzuerlangen.

Das war das schreckliche Ende meiner geliebten Schwester."

„Einen Moment", sagte Holmes, „sind Sie sicher, was das Pfeifen und den metallischen Klang betrifft? Könnten Sie es beschwören?"

„Das ist das Gleiche, was mich der lokale Leichenbeschauer bei der Untersuchung gefragt hat.

Ich habe den starken Eindruck, dass ich es gehört habe, und doch, durch das Krachen des Sturmes und das Knarren des Hauses kann ich mich möglicherweise getäuscht haben."

„War Ihre Schwester angekleidet?"

„Nein, sie war in ihrem Nachthemd.

In ihrer rechten Hand wurde der verkohlte Stumpf eines Streichholzes gefunden und in ihrer linken eine Streichholzschachtel."

„Das zeigt, dass sie ein Licht entzündete und sich umsah, als der Schrecken sich ereignete.

Das ist wichtig.

Und zu welchen Schlussfolgerungen kam der Leichenbeschauer?"

„Er untersuchte den Fall mit großer Sorgfalt, da das Verhalten Dr. Roylotts in der Grafschaft berüchtigt war, aber er konnte keine zufriedenstellende Todesursache feststellen.

Meine Aussage bezeugte, dass die Tür von der Innenseite verschlossen war, und die Fenster waren durch altmodische Fensterläden mit breiten Eisenstangen befestigt, welche jede Nacht verschlossen wurden.

Die Wände wurden sorgfältig abgeklopft und zeigten sich alles in allem in einem ziemlich soliden Zustand, ebenfalls wurde der Zimmerboden gründlich untersucht, mit

Such was the dreadful end of my beloved sister."

"One moment," said Holmes, "are you sure about this whistle and metallic sound? Could you swear to it?"

"That was what the county coroner asked me at the inquiry.

It is my strong impression that I heard it, and yet, among the crash of the gale and the creaking of an old house, I may possibly have been deceived."

"Was your sister dressed?"

"No, she was in her night-dress.

In her right hand was found the charred stump of a match, and in her left a match-box."

"Showing that she had struck a light and looked about her when the alarm took place.

That is important.

And what conclusions did the coroner come to?"

"He investigated the case with great care, for Dr. Roylott's conduct had long been notorious in the county, but he was unable to find any satisfactory cause of death.

My evidence showed that the door had been fastened upon the inner side, and the windows were blocked by old-fashioned shutters with broad iron bars, which were secured every night.

The walls were carefully sounded, and were shown to be quite solid all round, and the flooring was also thoroughly examined, with the same result.

dem gleichen Ergebnis.	
Der Schornstein ist breit, aber mit vier großen Eisenhaken versperrt.	The chimney is wide, but is barred up by four large staples.
Es ist daher sicher, dass meine Schwester ganz allein war, als sie ihr Ende fand.	It is certain, therefore, that my sister was quite alone when she met her end.
Außerdem zeigte sie keine Spuren irgendeiner Gewaltanwendung auf."	Besides, there were no marks of any violence upon her."
„Wie steht es mit Gift?"	"How about poison?"
„Die Ärzte untersuchten sie danach, aber ohne Erfolg."	"The doctors examined her for it, but without success."
„Was denken Sie, woran diese unglückliche Dame dann gestorben ist?"	"What do you think that this unfortunate lady died of, then?"
„Ich glaube, dass sie vor purer Angst und an einem nervösen Schock gestorben ist, jedoch kann ich mir nicht erklären, was ihr solche Angst gemacht hat."	"It is my belief that she died of pure fear and nervous shock, though what it was that frightened her I cannot imagine."
„Gab es zu dieser Zeit Zigeuner auf der Plantage?"	"Were there gipsies in the plantation at the time?"
„Ja, es sind fast immer welche dort."	"Yes, there are nearly always some there."
„Ach, und was entnehmen Sie aus der Anspielung auf ein Band, ein geflecktes Band?"	"Ah, and what did you gather from this allusion to a band--a speckled band?"
„Manchmal habe ich gedacht, es war nur die abgehackte Rede im Delirium, manchmal, dass es sich auf eine Gruppe von Menschen, vielleicht auf genau jene Zigeuner auf der Plantage bezog.	"Sometimes I have thought that it was merely the wild talk of delirium, sometimes that it may have referred to some band of people, perhaps to these very gipsies in the plantation.
Ich weiß nicht, ob die gefleckten Taschentücher, die so viele von ihnen am Kopf tragen, vielleicht dieses seltsame Adjektiv suggeriert haben das sie benutzte."	I do not know whether the spotted handkerchiefs which so many of them wear over their heads might have suggested the strange adjective which she used."
Holmes schüttelte den Kopf wie ein Mann, der weit davon entfernt war, zufriedengestellt zu sein.	Holmes shook his head like a man who is far from being satisfied.
„Das ist sehr tiefgründig", sagte er. „Bitte fahren Sie mit ihrer Erzählung fort."	"These are very deep waters," said he; "pray go on with your narrative."
„Zwei Jahre sind seit damals vergangen, und mein Leben war bis vor Kurzem	"Two years have passed since then, and my life has been until lately lonelier

einsamer als je zuvor.

Vor einem Monat jedoch hat ein guter Freund, den ich seit vielen Jahren kenne, mir die Ehre erwiesen, um meine Hand anzuhalten.

Sein Name ist Armitage - Percy Armitage, der zweite Sohn von Herrn Armitage aus Crane Water in der Nähe von Reading.

Mein Stiefvater hat keinen Widerspruch gegen die Verbindung geäußert, und wir werden im Frühling heiraten.

Vor zwei Tagen haben einige Reparaturarbeiten am Westflügel des Gebäudes begonnen, und die Wand zu meinem Schlafzimmer wurde durchbrochen, sodass ich in das Zimmer ziehen musste, in dem meine Schwester starb, und gezwungen bin, in genau dem Bett zu schlafen, in dem sie schlief.

Stellen Sie sich meinen schauerlichen Schrecken vor, als ich letzte Nacht wach lag und über ihr grausames Schicksal nachdachte, als ich plötzlich in der Stille der Nacht ein leises Pfeifen hörte, wie es der Vorbote ihres eigenen Todes gewesen war.

Ich sprang auf und zündete die Lampe an, aber nichts war im Raum zu sehen.

Ich war zu erschüttert, um wieder ins Bett zu gehen, so zog ich mich an, und beim ersten Tageslicht ging ich hinaus, nahm die Kutsche am Crown Inn, was sich gegenüber befindet, und fuhr nach Leatherhead. Von dort aus kam ich diesen Morgen mit dem einzigen Ziel, Sie zu sehen und nach Ihrem Rat zu fragen."

„Sie haben weise gehandelt", sagte mein Freund.

„Aber haben Sie mir alles erzählt?"

„Ja, alles."

„Miss Roylott, das haben Sie nicht. Sie schützen Ihren Stiefvater."

than ever.

A month ago, however, a dear friend, whom I have known for many years, has done me the honour to ask my hand in marriage.

His name is Armitage--Percy Armitage--the second son of Mr. Armitage, of Crane Water, near Reading.

My stepfather has offered no opposition to the match, and we are to be married in the course of the spring.

Two days ago some repairs were started in the west wing of the building, and my bedroom wall has been pierced, so that I have had to move into the chamber in which my sister died, and to sleep in the very bed in which she slept.

Imagine, then, my thrill of terror when last night, as I lay awake, thinking over her terrible fate, I suddenly heard in the silence of the night the low whistle which had been the herald of her own death.

I sprang up and lit the lamp, but nothing was to be seen in the room.

I was too shaken to go to bed again, however, so I dressed, and as soon as it was daylight I slipped down, got a dog-cart at the Crown Inn, which is opposite, and drove to Leatherhead, from whence I have come on this morning with the one object of seeing you and asking your advice."

"You have done wisely," said my friend.

"But have you told me all?"

"Yes, all."

"Miss Roylott, you have not.

You are screening your stepfather."

„Warum, was meinen Sie damit?"

Als Antwort schob Holmes die Krause aus schwarzer Spitze zurück, welche die Hand umrahmte, die auf dem Knie unserer Besucherin lag.

Fünf kleine leuchtende Flecken, die Abdrücke von vier Fingern und einem Daumen, zeichneten sich auf dem weißen Handgelenk ab.

„Sie sind grausam misshandelt worden", sagte Holmes.

Die Dame errötete tief und bedeckte ihr verletztes Handgelenk.

„Er ist ein harter Mann", sagte sie, „und vielleicht kennt er kaum seine eigene Stärke."

Dann folgte ein langes Schweigen, währenddessen Holmes sein Kinn auf seine Hände legte und in das knisternde Feuer schaute.

„Das ist eine sehr ernste Angelegenheit", sagte er schließlich.

„Da gibt es Tausende Details, die ich gerne wissen würde, bevor ich über das weitere Vorgehen entscheide.

Und doch haben wir keinen Augenblick zu verlieren.

Wenn wir heute nach Stoke Moran kommen würden, wäre es dann möglich, dieses Zimmer zu sehen, ohne dass Ihr Stiefvater davon erfährt?"

„Wie es der Zufall will, sprach er davon, heute wegen eines wichtigen Geschäfts in die Stadt zu kommen.

Es ist möglich, dass er den ganzen Tag weg ist, und dann gibt es nichts, was Sie stören würde.

Wir haben jetzt eine Haushälterin, aber sie ist alt und einfältig, ich kann sie leicht aus dem Weg schaffen."

"Ausgezeichnet.

Sie sind einer Reise nicht abgeneigt, Watson?"

"Why, what do you mean?"

For answer Holmes pushed back the frill of black lace which fringed the hand that lay upon our visitor's knee.

Five little livid spots, the marks of four fingers and a thumb, were printed upon the white wrist.

"You have been cruelly used," said Holmes.

The lady coloured deeply and covered over her injured wrist.

"He is a hard man," she said, "and perhaps he hardly knows his own strength."

There was a long silence, during which Holmes leaned his chin upon his hands and stared into the crackling fire.

"This is a very deep business," he said at last.

"There are a thousand details which I should desire to know before I decide upon our course of action.

Yet we have not a moment to lose.

If we were to come to Stoke Moran to-day, would it be possible for us to see over these rooms without the knowledge of your stepfather?"

"As it happens, he spoke of coming into town to-day upon some most important business.

It is probable that he will be away all day, and that there would be nothing to disturb you.

We have a housekeeper now, but she is old and foolish, and I could easily get her out of the way."

"Excellent.

You are not averse to this trip, Watson?"

„Selbstverständlich nicht."

„Dann werden wir beide kommen. Was werden Sie selbst jetzt tun?"

„Ich habe ein oder zwei Dinge, die ich gerne erledigen würde, jetzt wo ich in der Stadt bin."

Aber ich werde mit dem Zwölf-Uhr-Zug zurückkehren, um da zu sein, wenn sie kommen."

„Und Sie können uns am frühen Nachmittag erwarten.

Ich habe selbst eine kleine geschäftliche Angelegenheit zu erledigen.

Wollen Sie nicht warten und frühstücken?"

„Nein, ich muss gehen.

Ich habe mein Herz bereits erleichtert, seit ich Ihnen meine Schwierigkeiten anvertraut habe.

Ich freue mich darauf, Sie am Nachmittag wiederzusehen."

Sie senkte den dicken schwarzen Schleier über ihr Gesicht und verließ den Raum.

„Und was halten Sie von allem, Watson?",

fragte Sherlock Holmes, in seinem Stuhl zurückgelehnt.

„Es scheint mir eine sehr dunkle und üble Angelegenheit zu sein."

„Dunkel und übel genug.

Und doch, wenn die Lady recht hat und der Fußboden und die Wände intakt sind und Tür, Fenster und Schornstein nicht passierbar, dann muss ihre Schwester allein gewesen sein, als sie ihr mysteriöses Ende fand.

„Was wird dann aus dem nächtlichen Pfeifen und diesen sehr seltsamen Worten der sterbenden Frau?"

„Kann ich mir nicht denken."

„Wenn wir alle Umstände

"By no means."

"Then we shall both come.

What are you going to do yourself?"

"I have one or two things which I would wish to do now that I am in town.

But I shall return by the twelve o'clock train, so as to be there in time for your coming."

"And you may expect us early in the afternoon.

I have myself some small business matters to attend to.

Will you not wait and breakfast?"

"No, I must go.

My heart is lightened already since I have confided my trouble to you.

I shall look forward to seeing you again this afternoon."

She dropped her thick black veil over her face and glided from the room.

"And what do you think of it all, Watson?"

asked Sherlock Holmes, leaning back in his chair.

"It seems to me to be a most dark and sinister business."

"Dark enough and sinister enough.

Yet if the lady is correct in saying that the flooring and walls are sound, and that the door, window, and chimney are impassable, then her sister must have been undoubtedly alone when she met her mysterious end.

What becomes, then, of these nocturnal whistles, and what of the very peculiar words of the dying woman?"

"I cannot think."

"When you combine the ideas of

berücksichtigen - das Pfeifen in der Nacht, die Anwesenheit von Zigeunern, welche auf vertrautem Fuß mit dem Doktor stehen,

die Tatsache, dass wir guten Grund zur Annahme haben, dass der Doktor ein Interesse daran hat, die Heirat seiner Stieftochter zu verhindern,

dann die Anspielung der Sterbenden auf ein Band und ganz zum Schluss die Tatsache, dass Miss Helen Stoner ein metallisches Klirren gehört hat, das vielleicht von den Metallstangen verursacht wurde, die wieder an ihren Platz zurückgefallen sind - dann denke ich, dass die Lösung dieses Geheimnisses in dieser Richtung liegt."

„Aber was haben die Zigeuner denn getan?"

„Kann ich mir nicht vorstellen."

„Ich sehe viele Einwände gegen solch eine Theorie."

„Ich ebenfalls.

Genau aus diesem Grund fahren wir heute nach Stoke Moran.

Ich will sehen, ob diese Einwände endgültig sind oder ob sie auf andere Weise erklärt werden können.

Aber was um Teufels willen...!"

Dieser Ausruf entfuhr meinem Freund aufgrund der Tatsache, dass unsere Tür plötzlich aufgestoßen wurde und dass ein riesiger Mann im Türrahmen stand.

Seine Kleidung hatte die seltsame Mischung aus Professionellem und Landwirtschaftlichem. Er hatte einen schwarzen Zylinder auf, einen langen Gehrock und ein Paar hohe Gamaschen an sowie eine Jagdpeitsche in seiner Hand.

Er war so groß, dass sein Hut sogar den Querbalken der Tür streifte, und seine Breite schien sie von Seite zu Seite

whistles at night, the presence of a band of gipsies who are on intimate terms with this old doctor,

the fact that we have every reason to believe that the doctor has an interest in preventing his stepdaughter's marriage,

the dying allusion to a band, and, finally, the fact that Miss Helen Stoner heard a metallic clang, which might have been caused by one of those metal bars that secured the shutters falling back into its place, I think that there is good ground to think that the mystery may be cleared along those lines."

"But what, then, did the gipsies do?"

"I cannot imagine."

"I see many objections to any such theory."

"And so do I.

It is precisely for that reason that we are going to Stoke Moran this day.

I want to see whether the objections are fatal, or if they may be explained away.

But what in the name of the devil!"

The ejaculation had been drawn from my companion by the fact that our door had been suddenly dashed open, and that a huge man had framed himself in the aperture.

His costume was a peculiar mixture of the professional and of the agricultural, having a black top-hat, a long frock-coat, and a pair of high gaiters, with a hunting-crop swinging in his hand.

So tall was he that his hat actually brushed the cross bar of the doorway, and his breadth seemed to span it across

vollständig auszufüllen.

Ein großes Gesicht mit Tausenden eingegrabenen Fältchen, von der Sonne gelb gebrannt und gezeichnet von allen schlechten Leidenschaften, die es gibt, drehte sich vom einen zum anderen von uns, während seine tiefliegenden, Galle-unterlaufenen Augen und seine hohe, dünne, fleischlose Nase ihm irgendwie die Ähnlichkeit mit einem wütenden alten Raubvogel gaben.

from side to side.

A large face, seared with a thousand wrinkles, burned yellow with the sun, and marked with every evil passion, was turned from one to the other of us, while his deep-set, bile-shot eyes, and his high, thin, fleshless nose, gave him somewhat the resemblance to a fierce old bird of prey.

„Wer von euch ist Holmes?", fragte diese Erscheinung.

„Das ist mein Name, Sir, aber Sie sind mir gegenüber im Vorteil", sagte mein Kompagnon ruhig.

„Ich bin Dr. Grimesby Roylott aus Stoke Moran."

„In der Tat, Doktor", sagte Holmes ruhig.

„Bitte nehmen Sie Platz."

„Ich werde nichts dergleichen tun. Meine Stieftochter ist hier gewesen.

"Which of you is Holmes?" asked this apparition.

"My name, sir; but you have the advantage of me," said my companion quietly.

"I am Dr. Grimesby Roylott, of Stoke Moran."

"Indeed, Doctor," said Holmes blandly.

"Pray take a seat."

"I will do nothing of the kind. My stepdaughter has been here.

Ich habe sie verfolgt.	I have traced her.
Was hat sie Ihnen gesagt?"	What has she been saying to you?"
„Es ist ein wenig kalt für diese Jahreszeit", sagte Holmes.	"It is a little cold for the time of the year," said Holmes.
„Was hat sie Ihnen gesagt?", schrie der Mann wütend.	What has she been saying to you? screamed the old man furiously.
„Aber ich habe gehört, dass die Krokusblüte vielversprechend beginnt", fuhr mein Freund unerschütterlich fort.	"But I have heard that the crocuses promise well," continued my companion imperturbably.
"Ha!	"Ha!
Sie wollen mich abblitzen lassen, nicht wahr?",	You put me off, do you?"
sagte unser Besucher, machte einen Schritt nach vorne und schüttelte seine Jagdpeitsche.	said our new visitor, taking a step forward and shaking his hunting-crop.
„Ich kenne Sie, Sie Schuft!	"I know you, you scoundrel!
Ich habe schon zuvor von Ihnen gehört.	I have heard of you before.
Sie sind Holmes, der seine Nase überall reinsteckt."	"You are Holmes, the meddler."
Mein Freund lächelte.	My friend smiled.
„Holmes, der Wichtigtuer!"	"Holmes, the busybody!"
Sein Lächeln wurde breiter.	His smile broadened.
„Holmes, Scotland Yards Wichtigtuer!"	"Holmes, the Scotland Yard Jack-in-office!"
Holmes lachte herzlich.	Holmes chuckled heartily.
„Habe ich mich klar ausgedrückt?"	"Your conversation is most entertaining," said he.
„Wenn Sie rausgehen, schließen Sie die Tür, denn es zieht spürbar."	"When you go out close the door, for there is a decided draught."
„Ich werde gehen, wenn ich alles gesagt habe.	"I will go when I have said my say.
Wagen Sie es nicht, sich in meine Affären einzumischen.	Don't you dare to meddle with my affairs.
Ich weiß, dass Miss Stoner hier war.	I know that Miss Stoner has been here.
Ich verfolgte sie!	I traced her!
Ich bin ein gefährlicher Mann für den, der sich mit mir anlegt!	I am a dangerous man to fall foul of!
Sehen Sie, hier."	See here."
Er trat schnell nach vorne, packte den Schürhaken und verbog ihn mit seinen	He stepped swiftly forward, seized the poker, and bent it into a curve with his

riesigen braunen Händen zu einem Bogen.

„Schauen Sie sich das an und bleiben Sie meiner Umklammerung fern", knurrte er, und den verbogenen Schürhaken in den Kamin schleudernd verließ er den Raum.

„Er scheint ein sehr liebenswürdiger Mensch zu sein", sagte Holmes lachend.

„Ich bin nicht ganz so massig wie er, aber wenn er geblieben wäre, hätte ich ihm gezeigt, dass mein Griff nicht viel schwächer ist als sein eigener."

Während er sprach, hob er den stählernen Schürhaken auf und bog ihn mit einer plötzlichen Anstrengung wieder gerade.

„Stellen Sie sich seine Unverschämtheit vor, mich mit der amtlichen Polizeigewalt zu verwechseln!

Dieser Zwischenfall gibt unseren Nachforschungen noch mehr Reiz, und ich kann nur hoffen, dass unsere kleine Freundin nicht unter der Unvorsichtigkeit zu leiden hat, sich von diesem brutalen Burschen verfolgen zu lassen.

Und nun, Watson, werden wir Frühstück bestellen, und danach werde ich zu Doktor Commons gehen, wo ich hoffe, einige Informationen zu erhalten, die uns in der Angelegenheit helfen könnten."

Es war fast ein Uhr, als Sherlock Holmes von seinem Besuch zurückkam. Er hatte einen Bogen blaues Papier in der Hand, der mit Notizen und Zahlen bekritzelt war.

„Ich habe das Testament der verstorbenen Frau eingesehen", sagte er.

„Um seine genaue Bedeutung zu bestimmen, musste ich die momentanen Werte der Investitionen ausarbeiten, die es behandelt.

"See that you keep yourself out of my grip," he snarled, and hurling the twisted poker into the fireplace he strode out of the room.

"He seems a very amiable person," said Holmes, laughing.

"I am not quite so bulky, but if he had remained I might have shown him that my grip was not much more feeble than his own."

As he spoke he picked up the steel poker and, with a sudden effort, straightened it out again.

"Fancy his having the insolence to confound me with the official detective force!

This incident gives zest to our investigation, however, and I only trust that our little friend will not suffer from her imprudence in allowing this brute to trace her.

And now, Watson, we shall order breakfast, and afterwards I shall walk down to Doctors' Commons, where I hope to get some data which may help us in this matter."

It was nearly one o'clock when Sherlock Holmes returned from his excursion. He held in his hand a sheet of blue paper, scrawled over with notes and figures.

"I have seen the will of the deceased wife," said he.

"To determine its exact meaning I have been obliged to work out the present prices of the investments with which it is concerned.

Das Gesamteinkommen, welches zum Zeitpunkt des Todes der Frau etwas weniger als 1100 Pfund betrug, ist nun durch den Fall der Agrarpreise nicht mehr als 750 Pfund wert.	The total income, which at the time of the wife's death was little short of 1100 pounds, is now, through the fall in agricultural prices, not more than 750 pounds.
Jede Tochter kann im Falle einer Heirat ein Einkommen von 250 Pfund beanspruchen.	Each daughter can claim an income of 250 pounds, in case of marriage.
Es ist deshalb offensichtlich, dass wenn beide Mädchen geheiratet hätten, dem netten Mann ein bloßer Hungerlohn geblieben wäre. Sogar eine Heirat hätte ihn in einem einem sehr großen Ausmaß geschädigt.	It is evident, therefore, that if both girls had married, this beauty would have had a mere pittance, while even one of them would cripple him to a very serious extent.
Meine morgendliche Arbeit war nicht umsonst, da es sich erwiesen hat, dass er die stärksten Motive hatte, einer solchen Heirat im Wege zu stehen.	My morning's work has not been wasted, since it has proved that he has the very strongest motives for standing in the way of anything of the sort.
Und nun, Watson, ist es zu ernst für Trödeleien, insbesondere da der alte Mann sich bewusst ist, dass wir an seinen Angelegenheiten interessiert sind. Wenn Sie fertig sind, werden wir eine Kutsche rufen und nach Waterloo fahren.	And now, Watson, this is too serious for dawdling, especially as the old man is aware that we are interesting ourselves in his affairs; so if you are ready, we shall call a cab and drive to Waterloo.
Ich wäre sehr dankbar, wenn Sie Ihren Revolver in die Tasche stecken würden.	I should be very much obliged if you would slip your revolver into your pocket.
Eine Eley's No. 2 ist ein ausgezeichnetes Argument gegen Gentlemen, die Stahlschürhaken zu Knoten biegen können.	An Eley's No. 2 is an excellent argument with gentlemen who can twist steel pokers into knots.

Ein Besuch in Stoke Moran - A visit to Stoke Moran

Ihn und eine Zahnbürste ist, denke ich, alles, was wir brauchen."

In Waterloo hatten wir das Glück, den Zug nach Leatherhead zu bekommen, von dort aus mieteten wir einen Einspänner am ‚Station Inn' und fuhren vier oder fünf Meilen durch die schönen Straßen von Surry.

That and a tooth-brush are, I think, all that we need."

At Waterloo we were fortunate in catching a train for Leatherhead, where we hired a trap at the station inn and drove for four or five miles through the lovely Surrey lanes.

Es war ein perfekter Tag mit hellem Sonnenschein und ein paar Schäfchenwolken am Himmel.

Die Bäume und die Hecken am Wegesrand warfen gerade ihre ersten grünen Triebe aus, und die Luft war voll vom angenehmen Geruch feuchter Erde.

Für mich zumindest gab es einen seltsamen Kontrast zwischen dem süßen Versprechen des Frühlings und dem finsteren Streben, dem wir uns entgegenstellen würden.

Mein Freund saß vorne im Einspänner, mit verschränkten Armen, den Hut über

It was a perfect day, with a bright sun and a few fleecy clouds in the heavens.

The trees and wayside hedges were just throwing out their first green shoots, and the air was full of the pleasant smell of the moist earth.

To me at least there was a strange contrast between the sweet promise of the spring and this sinister quest upon which we were engaged.

My companion sat in the front of the trap, his arms folded, his hat pulled

die Augen gezogen. In tiefste Gedanken versunken war sein Kinn auf die Brust gesunken.	down over his eyes, and his chin sunk upon his breast, buried in the deepest thought.
Plötzlich aber zuckte er zusammen, tippte mir auf die Schulter und zeigte über die Wiesen.	Suddenly, however, he started, tapped me on the shoulder, and pointed over the meadows.
„Schauen Sie!", sagte er.	"Look there!" said he.
Ein eng mit Bäumen bestandener Park erstreckte sich sanft den Hang entlang und verdickte sich am höchsten Punkt zu einem Hain.	A heavily timbered park stretched up in a gentle slope, thickening into a grove at the highest point.
Mitten durch die Zweige ragten die grauen Giebel und der hohe Dachfirst einer sehr alten Villa heraus.	From amid the branches there jutted out the grey gables and high roof-tree of a very old mansion.
„Stoke Moran?", sage er.	"Stoke Moran?" said he.
„Ja, Herr, das ist das Haus von Dr. Grimesby Roylott", bemerkte der Fahrer.	"Yes, sir, that be the house of Dr. Grimesby Roylott," remarked the driver.
„Dort finden ein paar Bauarbeiten statt", sagte Holmes. „Dorthin sind wir unterwegs."	"There is some building going on there," said Holmes; "that is where we are going."
„Dort ist das Dorf", sagte der Fahrer und zeigte auf eine Gruppe von Dächern in einiger Entfernung auf der linken Seite. „Aber wenn Sie zum Haus wollen, das ist besser über diesen Zauntritt zu erreichen und einen Fußpfad über die Wiese.	"There's the village," said the driver, pointing to a cluster of roofs some distance to the left; "but if you want to get to the house, you'll find it shorter to get over this stile, and so by the foot-path over the fields.
Das ist dort, wo die Dame läuft."	There it is, where the lady is walking."
„Und die Dame, glaube ich, ist Miss Stoner", bemerkte Holmes, seine Augen beschattend.	"And the lady, I fancy, is Miss Stoner," observed Holmes, shading his eyes.
„Ja, ich denke, wir sollten es besser machen, wie Sie vorschlagen."	Yes, I think we had better do as you suggest.
Wir stiegen aus, bezahlten, und der Einspänner ratterte den Weg nach Leatherhead zurück.	We got off, paid our fare, and the trap rattled back on its way to Leatherhead.
„Ich dachte es ist besser", sagte Holmes, als wir über den Zauntritt stiegen, „dass der Mann denkt, dass wir als Architekten hier sind oder wegen eines bestimmten Geschäfts.	"I thought it as well," said Holmes as we climbed the stile, "that this fellow should think we had come here as architects, or on some definite business.
Es könnte seinem Getratsche Einhalt	It may stop his gossip.

gebieten. Guten Nachmittag, Miss Stoner. Sie sehen, dass wir unser Wort gehalten haben."

Unsere morgendliche Klientin war mit freudigem Gesicht auf uns zugeeilt.

„Ich habe sie ungeduldig erwartet", rief sie und schüttelte uns warmherzig die Hände.

„Alles nahm eine wunderbare Wendung. Dr. Roylott ist in die Stadt gefahren, und es ist unwahrscheinlich, dass er vor dem Abend wiederkommt."

„Wir hatten das Vergnügen, den Doktor kennenzulernen", sagte Holmes, und mit ein paar Worten beschrieb er, war passiert war.

Miss Stoner wurde kreidebleich, während sie zuhörte.

„Du lieber Himmel!" rief sie. „Er hat mich also verfolgt."

„Er ist so durchtrieben, dass ich nie weiß, wann ich vor ihm sicher bin.

Was wird er sagen, wenn er zurückkommt?"

„Er muss sich hüten, denn er kann erfahren, dass ihm jemand auf der Spur ist, der noch durchtriebener ist als er selbst.

Sie müssen sich vor ihm diese Nacht einschließen.

Wenn er gewalttätig wird, werden wir Sie zu Ihrer Tante nach Harrow bringen.

Nun müssen wir unsere Zeit bestmöglich ausnutzen, also wären Sie so freundlich, uns zu den Räumen zu bringen, die wir untersuchen müssen."

Das Gebäude bestand aus grauen, von Flechten fleckigen Steinen mit einem hohen zentralen Abschnitt und zwei geschwungenen Flügeln wie die nach beiden Seiten ausgestreckten Scheren

Good-afternoon, Miss Stoner. You see that we have been as good as our word."

Our client of the morning had hurried forward to meet us with a face which spoke her joy.

"I have been waiting so eagerly for you," she cried, shaking hands with us warmly.

"All has turned out splendidly. Dr. Roylott has gone to town, and it is unlikely that he will be back before evening."

"We have had the pleasure of making the doctor's acquaintance," said Holmes, and in a few words he sketched out what had occurred.

Miss Stoner turned white to the lips as she listened.

"Good heavens!" she cried, "he has followed me, then."

"He is so cunning that I never know when I am safe from him.

What will he say when he returns?"

"He must guard himself, for he may find that there is someone more cunning than himself upon his track.

You must lock yourself up from him to-night.

If he is violent, we shall take you away to your aunt's at Harrow.

Now, we must make the best use of our time, so kindly take us at once to the rooms which we are to examine."

The building was of grey, lichen-blotched stone, with a high central portion and two curving wings, like the claws of a crab, thrown out on each side.

eines Krebses.

In einem der Flügel waren die Fenster zerbrochen und mit Holzbrettern ausgespart, während das Dach teilweise eingebrochen war - ein Bild des Verfalls.

Die zentrale Einheit war ein wenig besser instandgesetzt, aber der rechte Abschnitt war vergleichsweise modern. Die Rouleaus an den Fenstern und der blaue Rauch, der aus den Schornsteinen aufstieg, zeigten, dass hier die Familie wohnte.

Einige Gerüste waren an der Stirnwand angebracht, und das Mauerwerk war durchbrochen worden, aber während unseres Besuches war kein Arbeiter in Sicht.

Holmes ging langsam auf dem schlecht geschnittenen Rasen auf und ab und untersuchte mit hoher Aufmerksamkeit die Außenseiten der Fenster.

„Das ist, nehme ich an, das Zimmer, in dem Sie zu schlafen pflegten, das in der Mitte das ihrer Schwester und das neben dem Hauptgebäude der Raum von Dr. Roylott?"

„Genau.

Aber nun schlafe ich im mittleren."

„Die Umbauten erwartend, wie ich verstehe.

Übrigens scheint keine dringende Notwendigkeit vorzuliegen, auf der Stirnseite Reparaturen durchzuführen."

„Es gab keine.

Ich glaube, es war ein Vorwand, um mich aus meinem Zimmer zu befördern."

„Ah, das ist aufschlussreich.

Nun, auf der anderen Seite dieses schmalen Flügels verläuft der Flur, von dem aus man in alle drei Zimmer

In one of these wings the windows were broken and blocked with wooden boards, while the roof was partly caved in, a picture of ruin.

The central portion was in little better repair, but the right-hand block was comparatively modern, and the blinds in the windows, with the blue smoke curling up from the chimneys, showed that this was where the family resided.

Some scaffolding had been erected against the end wall, and the stone-work had been broken into, but there were no signs of any workmen at the moment of our visit.

Holmes walked slowly up and down the ill-trimmed lawn and examined with deep attention the outsides of the windows.

"This, I take it, belongs to the room in which you used to sleep, the centre one to your sister's, and the one next to the main building to Dr. Roylott's chamber?"

"Exactly so.

But I am now sleeping in the middle one."

"Pending the alterations, as I understand.

By the way, there does not seem to be any very pressing need for repairs at that end wall."

"There were none.

I believe that it was an excuse to move me from my room."

"Ah! that is suggestive.

Now, on the other side of this narrow wing runs the corridor from which these three rooms open.

gelangt. Es gibt darin natürlich Fenster?"	There are windows in it, of course?"
„Ja, aber sehr kleine.	"Yes, but very small ones.
Zu schmal dafür, dass jemand hindurchpassen würde."	Too narrow for anyone to pass through."
„Da sie beide Ihre Tür in der Nacht abgeschlossen hatten, waren Ihre Zimmer von dieser Seite nicht erreichbar.	"As you both locked your doors at night, your rooms were unapproachable from that side.
Würden Sie nun bitte die Freundlichkeit haben, in Ihr Zimmer zu gehen und die Fensterläden zu verriegeln?"	Now, would you have the kindness to go into your room and bar your shutters?"
Fräulein Stoner tat es, und Holmes, nach sorgfältiger Untersuchung durch das offene Fenster, bemühte sich, auf jeden erdenklichen Weg die Fensterläden aufzubrechen, aber ohne Erfolg.	Miss Stoner did so, and Holmes, after a careful examination through the open window, endeavoured in every way to force the shutter open, but without success.
Es gab keinen Schlitz, durch den ein Messer hätte geführt werden können, um den Riegel zu verschieben.	There was no slit through which a knife could be passed to raise the bar.
Dann untersuchte er mit seiner Lupe die Scharniere, aber sie waren aus massivem Eisen und fest im Mauerwerk verankert.	Then with his lens he tested the hinges, but they were of solid iron, built firmly into the massive masonry.
„Hm!",	"Hum!"
sagte er, sein Kinn mit einer gewissen Ratlosigkeit kratzend. „Meine Theorie weist offensichtlich einige Probleme auf.	said he, scratching his chin in some perplexity, "my theory certainly presents some difficulties.
Niemand hätte durch die Fensterläden kommen können, wenn sie verriegelt waren.	No one could pass these shutters if they were bolted.
Nun, wir werden sehen, ob das Innere etwas Licht auf die Angelegenheit wirft."	Well, we shall see if the inside throws any light upon the matter."
Eine kleine Seitentür führte in den weiß getünchten Flur, von dem die drei Schlafzimmer abzweigten.	A small side door led into the whitewashed corridor from which the three bedrooms opened.
Holmes lehnte es ab, den dritten Raum zu prüfen, sodass wir sogleich in den zweiten eintraten, in dem Fräulein Stoner jetzt schlief und in welchem ihre	Holmes refused to examine the third chamber, so we passed at once to the second, that in which Miss Stoner was now sleeping, and in which her sister

Schwester ihr Schicksal ereilt hatte.

Es war ein gemütliches kleines Zimmer, mit einer niedrigen Decke und einer weit offenen Feuerstelle nach Art der alten Landhäuser.

Eine braune Kommode stand in einer Ecke, ein schmales, weiß bezogenes Bett in der anderen und ein Ankleidetisch auf der linken Seite des Fensters.

Diese Gegenstände und zwei kleine, mit Reed gearbeiteten Stühle machten die gesamte Möblierung aus, mit Ausnahme eines Wilton-Teppichs in der Mitte.

Die rundlichen Dielen und die Verkleidung der Wände waren aus brauner, wurmstichiger Eiche, so alt und verfärbt, dass sie gleichen Datums wie der ursprüngliche Bau des Hauses sein könnten.

Holmes zog einen der Stühle in eine Ecke und saß dort schweigend, während seine Augen wieder und wieder aufwärts und abwärts wanderten, jedes Detail der Wohnung musternd.

„Wohin führt das Läuten dieser Glocke?",

fragte er schließlich und deutete auf ein dickes Glockenseil, welches neben dem Bett herunterhing und dessen Quaste de facto auf dem Kissen lag.

„Es führt in das Zimmer der Haushälterin."

„Es sieht neuer aus als die anderen Dinge."

„Ja, es wurde erst vor ein paar Jahren angebracht."

„Ich nehme an, Ihre Schwester hat danach gefragt?"

„Nein, ich habe nie gehört, dass sie es benutzt hat.

Wir waren es gewohnt, alles, was wir wollten, selbst zu holen."

had met with her fate.

It was a homely little room, with a low ceiling and a gaping fireplace, after the fashion of old country-houses.

A brown chest of drawers stood in one corner, a narrow white-counterpaned bed in another, and a dressing-table on the left-hand side of the window.

These articles, with two small wicker-work chairs, made up all the furniture in the room save for a square of Wilton carpet in the centre.

The boards round and the panelling of the walls were of brown, worm-eaten oak, so old and discoloured that it may have dated from the original building of the house.

Holmes drew one of the chairs into a corner and sat silent, while his eyes travelled round and round and up and down, taking in every detail of the apartment.

"Where does that bell communicate with?"

he asked at last pointing to a thick bell-rope which hung down beside the bed, the tassel actually lying upon the pillow.

"It goes to the housekeeper's room."

"It looks newer than the other things?"

"Yes, it was only put there a couple of years ago."

"Your sister asked for it, I suppose?"

"No, I never heard of her using it.

We used always to get what we wanted for ourselves."

„In der Tat scheint es unnötig, einen so schönen Klingelzug hier anzubringen.	"Indeed, it seemed unnecessary to put so nice a bell-pull there.
Entschuldigen Sie mich für ein paar Minuten, während ich den Boden untersuche."	You will excuse me for a few minutes while I satisfy myself as to this floor."
Er warf sich mit dem Gesicht nach vorne und mit der Lupe in der Hand auf den Boden, kroch schnell rückwärts und vorwärts und untersuchte minutiös die Risse zwischen den Dielen.	He threw himself down upon his face with his lens in his hand and crawled swiftly backward and forward, examining minutely the cracks between the boards.
Dann tat er das Gleiche mit dem Holzwerk, mit dem die Kammer getäfelt war.	Then he did the same with the woodwork with which the chamber was panelled.
Zum Schluss ging er zum Bett hinüber und verbrachte einige Zeit damit, es zu mustern und mit den Augen die Wand von oben bis unten abzusuchen.	Finally he walked over to the bed and spent some time in staring at it and in running his eye up and down the wall.
Schließlich nahm er das Glockenseil und zog kräftig daran.	Finally he took the bell-rope in his hand and gave it a brisk tug.
„Na so etwas, das ist eine Imitation", sagte er.	"Why, it's a dummy," said he.
„Es wird nicht klingeln?"	"Won't it ring?"
„Nein, es ist nicht einmal an einem Draht befestigt.	"No, it is not even attached to a wire.
Das ist sehr interessant.	This is very interesting.
Sie können sehen, dass es an einem Haken befestigt ist, gerade über der kleinen Öffnung für die Lüftung."	You can see now that it is fastened to a hook just above where the little opening for the ventilator is."
„Wie absurd!	"How very absurd!
Ich habe das nie vorher bemerkt."	I never noticed that before."
„Sehr eigenartig!", murmelte Holmes, am Seil ziehend.	"Very strange!" muttered Holmes, pulling at the rope.
„Es gibt ein oder zwei sehr außergewöhnliche Dinge in diesem Raum.	"There are one or two very singular points about this room.
Zum Beispiel: Was für ein Narr von Baumeister wird eine Lüftung zu einem anderen Raum einbauen, wenn er sie mit dem gleichen Aufwand mit der Außenluft in Verbindung bringen könnte!"	For example, what a fool a builder must be to open a ventilator into another room, when, with the same trouble, he might have communicated with the outside air!"
„Das ist ebenfalls ziemlich neu", sagte die Lady.	"That is also quite modern," said the lady.

„Eingebaut ungefähr zur gleichen Zeit wie das Glockenseil?",

bemerkte Holmes.

„Ja, es gab einige kleine Änderungen, die zu dieser Zeit durchgeführt wurden."

„Sie scheinen von sehr interessantem Charakter gewesen zu sein: falsche Glockenseile und eine Lüftung, die nicht lüftet.

Mit Ihrer Erlaubnis, Miss Stoner, werden wir nun unsere Untersuchungen im nach innen liegenden Raum durchführen."

Dr. Grimesby Roylotts Zimmer war größer als das seiner Stieftochter, jedoch ebenfalls einfach eingerichtet.

Ein Feldbett, ein kleines hölzernes Regal voller Bücher meist technischen Charakters, ein Sessel neben dem Bett, ein einfacher Holzstuhl an der Wand, ein runder Tisch und ein großer eiserner Safe waren die wichtigsten Dinge, die ins Auge sprangen.

Holmes ging langsam umher und untersuchte alles mit dem intensivsten Interesse.

„Was ist hier drin?", fragte er und tippte gegen den Safe.

„Die Geschäftspapiere meines Stiefvaters."

„Oh! Dann haben Sie hineingesehen?"

„Nur einmal, vor einigen Jahren. Ich erinnere mich, dass es voller Papiere war."

„Es ist zum Beispiel keine Katze darin?"

„Nein. Was für eine seltsame Idee!"

„Nun, schauen Sie sich das an!"

Er nahm eine kleine Schüssel Milch auf, die darauf stand.

„Nein, wir halten keine Katze. Aber einen Geparden und einen

"Done about the same time as the bell-rope?"

remarked Holmes.

Yes, there were several little changes carried out about that time.

"They seem to have been of a most interesting character--dummy bell-ropes, and ventilators which do not ventilate.

With your permission, Miss Stoner, we shall now carry our researches into the inner apartment."

Dr. Grimesby Roylott's chamber was larger than that of his step-daughter, but was as plainly furnished.

A camp-bed, a small wooden shelf full of books, mostly of a technical character, an armchair beside the bed, a plain wooden chair against the wall, a round table, and a large iron safe were the principal things which met the eye.

Holmes walked slowly round and examined each and all of them with the keenest interest.

"What's in here?" he asked, tapping the safe.

My stepfather's business papers.

"Oh! you have seen inside, then?"

"Only once, some years ago. I remember that it was full of papers."

"There isn't a cat in it, for example?"

"No. What a strange idea!"

"Well, look at this!"

He took up a small saucer of milk which stood on the top of it.

"No; we don't keep a cat. But there is a cheetah and a baboon."

Pavian." „Ah ja, natürlich!	"Ah, yes, of course!
Gut, ein Gepard ist nur eine große Katze, und doch wird eine Schüssel Milch nicht sehr weit reichen, um seine Bedürfnisse zu befriedigen, wage ich zu behaupten.	Well, a cheetah is just a big cat, and yet a saucer of milk does not go very far in satisfying its wants, I daresay.
Es gibt einen Punkt, den ich gerne klären würde."	There is one point which I should wish to determine."
Er hockte sich vor dem Holzstuhl nieder und untersuchte den Sitz mit größter Aufmerksamkeit.	He squatted down in front of the wooden chair and examined the seat of it with the greatest attention.
„Vielen Dank. Das ist vollkommen geklärt", sagte er, erhob sich und packte seine Lupe in seine Tasche.	"Thank you. That is quite settled," said he, rising and putting his lens in his pocket.
„Hallo! Hier ist etwas Interessantes!"	"Hullo! Here is something interesting!"
Das Objekt, welches seine Aufmerksamkeit erregt hatte, war eine kleine Hundepeitsche, die an einer Ecke des Bettes hing.	The object which had caught his eye was a small dog lash hung on one corner of the bed.
Die Peitsche war in sich selbst zusammengerollt und gebunden, um die Schlaufe einer Peitschenschnur zu bilden.	The lash, however, was curled upon itself and tied so as to make a loop of whipcord.
„Was denken Sie darüber, Watson?"	"What do you make of that, Watson?"
„Es ist eine ziemlich gewöhnliche Peitsche. Aber ich weiß nicht, warum sie so gebunden ist."	"It's a common enough lash. But I don't know why it should be tied."
„Das ist nicht so gewöhnlich, nicht wahr?	"That is not quite so common, is it?
Ach ja, es ist eine böse Welt, und wenn ein kluger Mann seine Intelligenz dem Verbrechen zuwendet, ist es das Schlimmste von allem.	Ah, me! it's a wicked world, and when a clever man turns his brains to crime it is the worst of all.
Ich denke, ich habe nun genug gesehen, Miss Stoner, und mit Ihrer Erlaubnis sollten wir hinaus auf den Rasen gehen."	I think that I have seen enough now, Miss Stoner, and with your permission we shall walk out upon the lawn."
Ich hatte das Gesicht meines Freundes noch nie so ernst und seine Brauen noch nie so verzogen gesehen wie jetzt, als	I had never seen my friend's face so grim or his brow so dark as it was when we turned from the scene of this

wir vom Ort dieser Untersuchung kamen.

Wir waren mehrmals den Rasen auf und ab gegangen und weder Miss Stoner noch ich selbst wollten seine Überlegung unterbrechen, bevor er nicht selbst aus seinen Gedanken erwachte.

„Es ist sehr wichtig, Miss Stoner", sagte er, „dass Sie meinen Rat in jeder Hinsicht befolgen."

„Ich werde es mit Sicherheit tun."

„Die Sache ist zu ernst, um zu zögern.

Ihr Leben könnte von der Befolgung abhängen."

„Ich versichere Ihnen, dass ich mich ganz in Ihre Hände begebe."

„An erster Stelle müssen mein Freund und ich die Nacht in Ihrem Zimmer verbringen."

Sowohl Miss Stoner als auch ich sahen ihn erstaunt an.

„Ja, es muss sein.

Lassen Sie es mich erklären.

Ich glaube, das da drüben ist das Dorfgasthaus?"

„Ja, das ist die Krone."

„Sehr gut.

Ihr Fenster wird von dort zu sehen sein?"

„Sicherlich."

„Sie müssen sich in Ihr Zimmer unter dem Vorwand von Kopfschmerzen zurückziehen, wenn Ihr Stiefvater zurückkehrt.

Wenn Sie hören, dass er sich für die Nacht zurückzieht, müssen Sie Ihre Fensterläden öffnen, das Schloss entriegeln und Ihre Lampe dort hinsetzen, als ein Signal für uns, und sich dann ruhig in Ihr Zimmer zurückziehen mit allem, was Sie

investigation.

We had walked several times up and down the lawn, neither Miss Stoner nor myself liking to break in upon his thoughts before he roused himself from his reverie.

"It is very essential, Miss Stoner," said he, "that you should absolutely follow my advice in every respect."

"I shall most certainly do so."

"The matter is too serious for any hesitation.

Your life may depend upon your compliance."

"I assure you that I am in your hands."

"In the first place, both my friend and I must spend the night in your room."

Both Miss Stoner and I gazed at him in astonishment.

"Yes, it must be so.

Let me explain.

I believe that that is the village inn over there?"

"Yes, that is the Crown."

"Very good.

Your windows would be visible from there?"

"Certainly."

"You must confine yourself to your room, on pretence of a headache, when your stepfather comes back.

Then when you hear him retire for the night, you must open the shutters of your window, undo the hasp, put your lamp there as a signal to us, and then withdraw quietly with everything which you are likely to want into the room which you used to occupy.

Ich habe keinen Zweifel daran, dass Sie es schaffen, trotz der Reparaturen eine Nacht dort zu verbringen."	I have no doubt that, in spite of the repairs, you could manage there for one night."
„Oh ja, leicht."	"Oh, yes, easily."
„Den Rest werden Sie uns überlassen."	"The rest you will leave in our hands."
„Aber was werden Sie tun?"	"But what will you do?"
„Wir werden die Nacht in Ihrem Zimmer verbringen, und wir werden die Ursache für dieses Geräusch untersuchen, das Sie gestört hat."	"We shall spend the night in your room, and we shall investigate the cause of this noise which has disturbed you."
„Ich glaube, Mr. Holmes, dass Sie sich bereits eine Meinung gebildet haben", sagte Miss Stoner, indem sie ihre Hand auf seinen Ärmel legte.	"I believe, Mr. Holmes, that you have already made up your mind," said Miss Stoner, laying her hand upon my companion's sleeve.
„Habe ich vielleicht."	"Perhaps I have."
„Dann sagen Sie mir um Gottes willen, was die Ursache für den Tod meiner Schwester war."	"Then, for pity's sake, tell me what was the cause of my sister's death."
„Ich ziehe es vor, klare Beweise zu haben, bevor ich spreche."	"I should prefer to have clearer proofs before I speak."
„Sie könnten mir wenigstens sagen, ob meine Vermutung richtig ist, dass sie an einem plötzlichen Schrecken gestorben ist."	"You can at least tell me whether my own thought is correct, and if she died from some sudden fright."
„Nein, das denke ich nicht. Ich denke, dass es wahrscheinlich eher eine mehr greifbare Ursache gibt.	"No, I do not think so. I think that there was probably some more tangible cause.
Und nun, Miss Stoner, müssen wir Sie verlassen, denn wenn Dr. Roylott zurückkehrt und uns sieht, würde unsere Reise vergeblich sein.	And now, Miss Stoner, we must leave you for if Dr. Roylott returned and saw us our journey would be in vain.
Auf Wiedersehen und seien Sie tapfer, und wenn Sie das tun, was ich Ihnen gesagt habe, können Sie sicher sein, dass wir bald die Gefahren vertrieben haben, die Sie bedrohen."	Good-bye, and be brave, for if you will do what I have told you, you may rest assured that we shall soon drive away the dangers that threaten you."

Holmes und Watson verhindern ein schreckliches Verbrechen - Holmes and Watson prevent a horrible crime

Sherlock Holmes und ich hatten keine Schwierigkeiten, ein Schlaf- und Wohnzimmer im Crown Inn zu bekommen.

Die Räume waren in der oberen Etage, und von unserem Fenster aus verfügten wir über die Sicht auf das Tor der Allee und den bewohnten Flügel des Stoke Moran Manor Hauses.

Bei Einbruch der Dunkelheit sahen wir Dr. Grimesby Roylott vorbeifahren, seine riesige Gestalt zeichnete sich neben der kleinen Figur des Knaben ab, der ihn fuhr.

Der Junge hatte leichte Schwierigkeiten, das schwere Eisentor zu öffnen, und wir hörten das heisere Gebrüll der Stimme des Arztes und sahen die Wut, mit der er seine geballten Fäuste nach ihm schüttelte.

Der Einspänner fuhr weiter, und ein paar Minuten später sahen wir ein Licht zwischen den Bäumen aufflammen, da eine Lampe in einem der Wohnzimmer entzündet wurde.

„Wissen Sie, Watson", sagte Holmes, als wir zusammen in der zunehmenden Dunkelheit saßen, „ich habe wirklich einige Skrupel, Sie heute Nacht mitzunehmen.

Es gibt eine deutliche Komponente der Gefahr."

„Kann ich Ihnen behilflich sein?"

„Ihre Anwesenheit könnte von unschätzbarem Wert sein."

„Dann werde ich auf jeden Fall kommen."

Sherlock Holmes and I had no difficulty in engaging a bedroom and sitting-room at the Crown Inn.

They were on the upper floor, and from our window we could command a view of the avenue gate, and of the inhabited wing of Stoke Moran Manor House.

At dusk we saw Dr. Grimesby Roylott drive past, his huge form looming up beside the little figure of the lad who drove him.

The boy had some slight difficulty in undoing the heavy iron gates, and we heard the hoarse roar of the doctor's voice and saw the fury with which he shook his clinched fists at him.

The trap drove on, and a few minutes later we saw a sudden light spring up among the trees as the lamp was lit in one of the sitting-rooms.

"Do you know, Watson," said Holmes as we sat together in the gathering darkness, "I have really some scruples as to taking you to-night.

There is a distinct element of danger."

"Can I be of assistance?"

"Your presence might be invaluable."

"Then I shall certainly come."

„Das ist sehr freundlich von Ihnen."
„Sie sprechen von Gefahr.
Sie haben offenbar mehr in diesen Räumen gesehen, als für mich sichtbar war."
„Nein, aber ich glaube, dass ich ein klein wenig mehr daraus abgeleitet habe.
Ich denke, Sie haben alles gesehen, was ich auch sah."
„Ich sah nichts Auffälliges außer dem Glockenzug, und welchem Zweck er dient, muss ich zugeben, kann ich mir nicht vorstellen."
„Sie sahen auch die Lüftung?"
„Ja, aber ich glaube nicht, dass es eine so ungewöhnliche Sache ist, eine kleine Öffnung zwischen zwei Räumen zu haben.
Sie ist so klein, dass kaum eine Ratte hindurchpassen würde."
„Ich wusste, dass wir eine Lüftung finden würden, bevor wir nach Stoke Moran gekommen sind."
„Mein lieber Holmes!"
„Oh ja, das wusste ich.
Sie erinnern sich an die Aussage, dass ihre Schwester Dr. Roylotts Zigarren riechen konnte.
Dies natürlich legt nahe, dass eine Verbindung zwischen den beiden Zimmern bestehen muss.
Es konnte nur eine kleine sein, denn sonst wäre sie bei der Untersuchung des Untersuchungsrichters bemerkt worden.
Ich habe deshalb eine Lüftung vermutet."
„Aber welche Gefahr kann davon ausgehen?"
„Nun, es ist zumindest ein seltsamer Zufall der Zeitpunkte.
Eine Lüftung wurde eingebaut, eine

"It is very kind of you."
"You speak of danger.
You have evidently seen more in these rooms than was visible to me."
"No, but I fancy that I may have deduced a little more.
I imagine that you saw all that I did."
"I saw nothing remarkable save the bell-rope, and what purpose that could answer I confess is more than I can imagine."
"You saw the ventilator, too?"
"Yes, but I do not think that it is such a very unusual thing to have a small opening between two rooms.
It was so small that a rat could hardly pass through."
"I knew that we should find a ventilator before ever we came to Stoke Moran."
"My dear Holmes!"
"Oh, yes, I did.
You remember in her statement she said that her sister could smell Dr. Roylott's cigar.
Now, of course that suggested at once that there must be a communication between the two rooms.
It could only be a small one, or it would have been remarked upon at the coroner's inquiry.
I deduced a ventilator."
"But what harm can there be in that?"
"Well, there is at least a curious coincidence of dates.
A ventilator is made, a cord is hung, and

Kordel aufgehängt, und die Dame, die im Bett liegt, stirbt.	a lady who sleeps in the bed dies.
Kommt Ihnen das nicht seltsam vor?"	Does not that strike you?"
„Ich kann jetzt noch keinen Zusammenhang feststellen."	"I cannot as yet see any connection."
„Haben Sie etwas Eigenartiges an dem Bett bemerkt?"	"Did you observe anything very peculiar about that bed?"
„Nein."	"No."
„Es war am Boden befestigt. Haben Sie schon jemals ein Bett so festgemacht gesehen?"	"It was clamped to the floor. Did you ever see a bed fastened like that before?"
„Ich kann nicht behaupten, dass ich das habe."	"I cannot say that I have."
„Die Dame konnte ihr Bett nicht bewegen.	"The lady could not move her bed.
Es muss immer in der gleichen relativen Position zur Lüftung und zum Seil sein - denn so können wir es nennen, da es eindeutig nicht als Klingelzug gedacht war."	It must always be in the same relative position to the ventilator and to the rope--or so we may call it, since it was clearly never meant for a bell-pull."
„Holmes", rief ich, „ich ahne nun, was Sie andeuten.	"Holmes," I cried, "I seem to see dimly what you are hinting at.
Wir kommen gerade rechtzeitig, um ein subtiles und schreckliches Verbrechen zu verhindern."	We are only just in time to prevent some subtle and horrible crime."
"Subtil und schrecklich genug.	"Subtle enough and horrible enough.
Wenn ein Doktor auf die schiefe Bahn gerät, gehört er zu den Kriminellen ersten Ranges.	When a doctor does go wrong he is the first of criminals.
Er hat die Kaltblütigkeit, und er hat die Kenntnisse.	He has nerve and he has knowledge.
Palmer und Pritchard gehörten zu den Führenden ihres Berufsstandes.	Palmer and Pritchard were among the heads of their profession.
Dieser Mann schlägt noch stärker zu, aber ich denke, Watson, das wir trotzdem noch härter zurückschlagen können.	This man strikes even deeper, but I think, Watson, that we shall be able to strike deeper still.
Aber wir werden genug Grauen erleben, bevor die Nacht vorüber ist, lassen Sie uns um Gottes willen eine ruhige Pfeife rauchen und unseren Geist etwas Fröhlicherem zuwenden."	But we shall have horrors enough before the night is over; for goodness' sake let us have a quiet pipe and turn our minds for a few hours to something more cheerful."

Ungefähr um neun Uhr wurde das Licht zwischen den Bäumen ausgelöscht, und alles in Richtung des Manor Hauses war dunkel.	About nine o'clock the light among the trees was extinguished, and all was dark in the direction of the Manor House.
Zwei Stunden vergingen langsam, und dann plötzlich genau um Schlag elf Uhr erschien ein einzelnes helles Licht vor uns.	Two hours passed slowly away, and then, suddenly, just at the stroke of eleven, a single bright light shone out right in front of us.
„Das ist unser Zeichen", sagte Holmes und sprang auf, „es kommt vom mittleren Fenster."	"That is our signal," said Holmes, springing to his feet; "it comes from the middle window."
Als wir nach draußen gingen, wechselten wir ein paar Worte mit dem Vermieter und erklärten, dass wir zu einem späten Besuch zu einem Bekannten gingen und dass es möglich sei, dass wir die Nacht dort verbringen würden.	As we passed out he exchanged a few words with the landlord, explaining that we were going on a late visit to an acquaintance, and that it was possible that we might spend the night there.
Einen Moment später waren wir draußen auf der dunklen Straße, und ein kalter Wind blies uns ins Gesicht. Ein gelbes Licht funkelte vor uns durch die Dunkelheit und wies uns den Weg auf unserem düsteren Gang.	A moment later we were out on the dark road, a chill wind blowing in our faces, and one yellow light twinkling in front of us through the gloom to guide us on our sombre errand.
Es gab kaum Schwierigkeiten, auf das Grundstück zu gelangen, da einige Durchbrüche in der alten Parkmauer nicht repariert waren.	There was little difficulty in entering the grounds, for unrepaired breaches gaped in the old park wall.
Wir nahmen den Weg durch die Bäume, erreichten den Rasen, überquerten ihn und wollten gerade durch das Fenster einsteigen, als aus einer Gruppe von Lorbeerbüschen ein hässliches und entstelltes Kind herausschoss. Es warf sich mit gekrümmten Gliedmaßen aufs Gras und rannte dann schnell über den Rasen in die Dunkelheit.	Making our way among the trees, we reached the lawn, crossed it, and were about to enter through the window when out from a clump of laurel bushes there darted what seemed to be a hideous and distorted child, who threw itself upon the grass with writhing limbs and then ran swiftly across the lawn into the darkness.
„Mein Gott! Ich flüsterte; Haben Sie es gesehen?"	"My God!" I whispered; "did you see it?"
Holmes war für einen Augenblick lang genauso erschrocken wie ich.	Holmes was for the moment as startled as I.
Seine Hand schloss sich in seiner Aufregung wie ein Schraubstock um mein Handgelenk.	His hand closed like a vice upon my wrist in his agitation.

Dann brach er in ein leises Lachen aus und legte seine Lippen an mein Ohr.

„Das ist ein schöner Haushalt", murmelte er.

„Das war der Pavian."

Ich hatte die seltsamen Haustiere vergessen, die der Doktor gern hat.

Da war noch ein Gepard, vielleicht finden wir ihn jeden Moment auf unserer Schulter.

Ich gebe zu, dass ich mich erleichtert fühlte, als ich, Holmes Beispiel folgend, aus meinen Schuhen schlüpfte und mich im Schlafzimmer befand.

Mein Begleiter schloss ohne ein Geräusch die Fensterläden, stellte die

Then he broke into a low laugh and put his lips to my ear.

"It is a nice household," he murmured.

"That is the baboon."

I had forgotten the strange pets which the doctor affected.

There was a cheetah, too; perhaps we might find it upon our shoulders at any moment."

I confess that I felt easier in my mind when, after following Holmes' example and slipping off my shoes, I found myself inside the bedroom.

My companion noiselessly closed the shutters, moved the lamp onto the table,

Lampe auf den Tisch und musterte mit seinen Augen den Raum.	and cast his eyes round the room.
Alles war, wie wir es bei Tageslicht gesehen hatten.	All was as we had seen it in the daytime.
Dann kam er leise zu mir und formte eine Trompete mit seiner Hand. Er wisperte in mein Ohr, so leise, dass ich nur gerade die Worte ausmachen konnte: „Der geringste Ton könnte fatal für unsere Pläne sein."	Then creeping up to me and making a trumpet of his hand, he whispered into my ear again so gently that it was all that I could do to distinguish the words: "The least sound would be fatal to our plans."
Ich nickte, um zu zeigen, dass ich verstanden hatte.	I nodded to show that I had heard.
"Wir müssen ohne Licht sitzen.	"We must sit without light.
Er würde es durch die Lüftung sehen."	He would see it through the ventilator."
Ich nickte wieder.	I nodded again.
„Schlafen Sie nicht ein, Ihr pures Leben könnte davon abhängen.	"Do not go asleep; your very life may depend upon it.
Halten Sie Ihre Pistole bereit für den Fall, dass wir sie brauchen.	Have your pistol ready in case we should need it.
Ich werde an der Seite des Bettes sitzen und Sie in diesem Stuhl."	I will sit on the side of the bed, and you in that chair."
Ich nahm meinen Revolver heraus und legte ihn auf die Ecke des Tisches.	I took out my revolver and laid it on the corner of the table.
Holmes hatte einen dünnen Rohrstock mitgebracht und platzierte ihn auf dem Bett neben sich.	Holmes had brought up a long thin cane, and this he placed upon the bed beside him.
Daneben legte er eine Schachtel Streichhölzer und den Stumpf einer Kerze.	By it he laid the box of matches and the stump of a candle.
Dann löschte er die Lampe, und wir waren der Dunkelheit überlassen.	Then he turned down the lamp, and we were left in darkness.
Wie soll ich jemals diese schreckliche Nachtwache vergessen?	How shall I ever forget that dreadful vigil?
Ich konnte keinen Ton hören, nicht einmal einen Atemzug, und doch wusste ich, dass mein Begleiter ein paar Schritte von mir entfernt mit offenen Augen dasaß, im Zustand gleicher nervöser Anspannung wie ich selbst.	I could not hear a sound, not even the drawing of a breath, and yet I knew that my companion sat open-eyed, within a few feet of me, in the same state of nervous tension in which I was myself.
Die Läden blockierten das letzte bisschen Licht, und wir warteten in absoluter Dunkelheit.	The shutters cut off the least ray of light, and we waited in absolute darkness.

| Von draußen kam der gelegentliche Schrei eines Nachtvogels und einmal an unserem Fenster ein langes katzenartiges Heulen, welches uns verriet, dass der Gepard in der Tat in Freiheit war. | From outside came the occasional cry of a night-bird, and once at our very window a long drawn catlike whine, which told us that the cheetah was indeed at liberty. |

Weit weg konnten wir die tiefen Töne der Pfarruhr hören, die jede Viertelstunde dröhnte.

Far away we could hear the deep tones of the parish clock, which boomed out every quarter of an hour.

Wie lange sie uns erschienen, diese Viertelstunden.

How long they seemed, those quarters!

Es schlug zwölf, dann ein, zwei, drei Uhr, und immer noch harrten wir schweigend der Dinge, die da kommen würden.

Twelve struck, and one and two and three, and still we sat waiting silently for whatever might befall.

Plötzlich war da ein kurzes Schimmern von Licht oben aus der Richtung der Lüftung, welches sofort wieder verschwand, gefolgt von einem starken Geruch nach Öl und erhitztem Metall.

Suddenly there was the momentary gleam of a light up in the direction of the ventilator, which vanished immediately, but was succeeded by a strong smell of burning oil and heated metal.

Jemand im Nachbarraum hatte eine Dunkellaterne entzündet.

Someone in the next room had lit a dark-lantern.

Ich hörte das leise Geräusch einer Bewegung, und dann war wieder Stille, obwohl der Geruch stärker wurde.

I heard a gentle sound of movement, and then all was silent once more, though the smell grew stronger.

Für eine halbe Stunde wartete ich mit gespannter Aufmerksamkeit.

For half an hour I sat with straining ears.

Dann wurde ein anderes Geräusch wahrnehmbar, ein sehr sanftes, beruhigendes Geräusch, ähnlich einem schmalen Dampfstrahl, welcher kontinuierlich aus einem Kessel entweicht.

Then suddenly another sound became audible--a very gentle, soothing sound, like that of a small jet of steam escaping continually from a kettle.

In dem Augenblick, wo wir es hörten, sprang Holmes vom Bett, zündete ein Streichholz an und schlug mit seinem Stock nach dem Klingelzug.

The instant that we heard it, Holmes sprang from the bed, struck a match, and lashed furiously with his cane at the bell-pull.

„Sehen Sie es, Watson?", rief er.

"You see it, Watson?" he yelled.

„Sehen Sie es?"

"You see it?"

Aber ich sah nichts.

But I saw nothing.

In dem Moment, als Holmes das Licht anzündete, hörte ich ein leises, klares

At the moment when Holmes struck the light I heard a low, clear whistle, but the

Pfeifen, aber die plötzliche grelle Blendung meiner müden Augen machten es für mich unmöglich zu erkennen, wonach mein Freund so wütend hieb.

sudden glare flashing into my weary eyes made it impossible for me to tell what it was at which my friend lashed so savagely.

Ich konnte aber sehen, dass sein Gesicht leichenblass war und von Entsetzen und Abscheu erfüllt.

I could, however, see that his face was deadly pale and filled with horror and loathing.

Er hatte mit dem Schlagen aufgehört und starrte hoch zur Lüftung. Plötzlich brach aus der Stille der Nacht der schrecklichste Schrei hervor, den ich je gehört hatte.

He had ceased to strike and was gazing up at the ventilator when suddenly there broke from the silence of the night the most horrible cry to which I have ever listened.

Er schwoll an und wurde lauter und lauter, ein heiseres Brüllen, erfüllt von Schmerz, Angst und Wut, mischte sich in einen schrecklichen Schrei.

It swelled up louder and louder, a hoarse yell of pain and fear and anger all mingled in the one dreadful shriek.

Man sagt, dass dieser Schrei unten im Dorf und sogar im entfernten Pfarrhaus die Schläfer aus ihren Betten auffahren ließ.

They say that away down in the village, and even in the distant parsonage, that cry raised the sleepers from their beds.

Kälte ergriff unsere Herzen. Ich starrte auf Holmes und er auf mich, bis die letzten Echos in der Stille verklungen waren, von der sie sich erhoben hatten.

It struck cold to our hearts, and I stood gazing at Holmes, and he at me, until the last echoes of it had died away into the silence from which it rose.

„Was kann das bedeuten?", stieß ich hervor.	"What can it mean?" I gasped.
„Es bedeutet, dass es vorbei ist", antwortete Holmes.	"It means that it is all over," Holmes answered.
„Und schließlich ist es vielleicht das Beste.	"And perhaps, after all, it is for the best.
Nehmen Sie Ihren Revolver, und wir werden Dr. Roylotts Raum betreten."	Take your pistol, and we will enter Dr. Roylott's room."
Mit ernstem Gesicht entzündete er die Lampe und schritt den Weg den Korridor entlang voran.	With a grave face he lit the lamp and led the way down the corridor.
Zweimal klopfte er gegen die Tür, ohne dass eine Antwort von innen kam.	Twice he struck at the chamber door without any reply from within.
Dann drückte er die Türklinke und trat ein. Ich folgte ihm auf den Fersen mit gespannter Pistole in der Hand.	Then he turned the handle and entered, I at his heels, with the cocked pistol in my hand.
Es war ein beispielloser Anblick, der sich unseren Augen bot.	It was a singular sight which met our eyes.
Auf dem Tisch stand eine Dunkellaterne mit halb offenem Verschluss und warf ein strahlendes Licht auf den Stahlsafe, dessen Tür halb offen war.	On the table stood a dark-lantern with the shutter half open, throwing a brilliant beam of light upon the iron safe, the door of which was ajar.
Neben dem Tisch saß in einem Holzstuhl Dr. Grimesby Roylott, mit einem grauen Morgenrock bekleidet.	Beside this table, on the wooden chair, sat Dr. Grimesby Roylott clad in a long grey dressing-gown,
Seine nackten Knöchel waren ausgestreckt, und seine Füße steckten in roten, absatzlosen türkischen Pantoffeln.	his bare ankles protruding beneath, and his feet thrust into red heelless Turkish slippers.
In seinem Schoß lag der kurze Griff mit der langen Peitsche, welche wir tagsüber bemerkt hatten.	Across his lap lay the short stock with the long lash which we had noticed during the day.
Sein Kinn war nach oben vorgestreckt, und seine Augen in einem schrecklich starren Blick auf die Ecke der Decke fixiert.	His chin was cocked upward and his eyes were fixed in a dreadful, rigid stare at the corner of the ceiling.
Rund um seine Stirn hatte er ein eigenartiges gelbes Band mit bräunlichen Flecken, welches fest um seinen Kopf gebunden zu sein schien.	Round his brow he had a peculiar yellow band, with brownish speckles, which seemed to be bound tightly round his head.
Als wir eintraten, gab er weder einen Ton von sich, noch machte er eine Bewegung.	As we entered he made neither sound nor motion.
„Das Band!	"The band!

Das gefleckte Band!", flüsterte Holmes.	the speckled band!" whispered Holmes.
Ich machte einen Schritt vorwärts.	I took a step forward.
Augenblicklich begann sich seine seltsame Kopfbedeckung zu bewegen.	In an instant his strange headgear began to move,
Dort richtete sich aus seinem Haar der rundliche, rautenartig geformte Kopf und der gespreizte Hals einer abscheulichen Schlange auf.	and there reared itself from among his hair the squat diamond-shaped head and puffed neck of a loathsome serpent.
„Es ist eine Sumpfnatter!", rief Holmes. „Die tödlichste Schlange in Indien.	"It is a swamp adder!" cried Holmes; "the deadliest snake in India.
Er starb innerhalb von zehn Sekunden, nachdem er gebissen wurde.	He has died within ten seconds of being bitten.
Gewalt fällt in der Regel auf den Gewalttätigen zurück, und der Intrigant fällt in die Grube, die er für andere gegraben hat.	Violence does, in truth, recoil upon the violent, and the schemer falls into the pit which he digs for another.
Lassen Sie uns diese Kreatur in ihren Kerker zurückbefördern. Dann können wir Miss Stoner in Sicherheit bringen und die Polizei der Grafschaft wissen lassen, was passiert ist."	Let us thrust this creature back into its den, and we can then remove Miss Stoner to some place of shelter and let the county police know what has happened."
Während er sprach, zog er die Hundepeitsche schnell vom Schoß des Toten, warf die Schlinge um den Hals des Reptils und zog es von seinem schrecklichen Sitz, trug es auf Armlänge von sich entfernt, warf es in den eisernen Safe und schloss es darin ein.	As he spoke he drew the dog-whip swiftly from the dead man's lap, and throwing the noose round the reptile's neck he drew it from its horrid perch and, carrying it at arm's length, threw it into the iron safe, which he closed upon it.
Das sind die wahren Umstände des Todes von Dr. Grimesby Roylot von Stoke Moran.	Such are the true facts of the death of Dr. Grimesby Roylott, of Stoke Moran.
Es ist nicht nötig, dass ich eine schon zu lang gewordene Erzählung weiter in die Länge ziehe durch den Bericht, wie wir die traurige Nachricht dem verängstigten Mädchen beibrachten,	It is not necessary that I should prolong a narrative which has already run to too great a length by telling how we broke the sad news to the terrified girl,
wie wir sie mit dem morgendlichen Zug in die Obhut ihrer guten Tante nach Harrow brachten oder davon, wie die zähflüssige offizielle Untersuchung zu dem Schluss kam, dass der Doktor den	how we conveyed her by the morning train to the care of her good aunt at Harrow, of how the slow process of official inquiry came to the conclusion that the doctor met his fate while

Tod durch unvorsichtiges Herumspielen mit einem gefährlichen Haustier fand.	indiscreetly playing with a dangerous pet.
Das Wenige, was ich über den Fall zusätzlich in Erfahrung bringen konnte, erzählte mir Sherlock Holmes, als wir am nächsten Tag zurückfuhren.	The little which I had yet to learn of the case was told me by Sherlock Holmes as we travelled back next day.
„Ich war zu einem vollkommen falschen Schluss gekommen", sagte er. „Das zeigt, mein guter Watson, wie gefährlich es stets ist, mit nicht ausreichenden Informationen zu schlussfolgern.	"I had," said he, "come to an entirely erroneous conclusion which shows, my dear Watson, how dangerous it always is to reason from insufficient data.
Die Anwesenheit der Zigeuner und die Verwendung des Wortes ‚Band' durch das arme Mädchen, ohne Zweifel, um die Erscheinung zu beschreiben, welche sie mit einem flüchtigen Blick im Licht ihres Streichholzes gesehen hatte, reichten, um mich auf eine komplett falsche Spur zu bringen.	The presence of the gipsies, and the use of the word 'band,' which was used by the poor girl, no doubt, to explain the appearance which she had caught a hurried glimpse of by the light of her match, were sufficient to put me upon an entirely wrong scent.
Ich kann nur das Verdienst in Anspruch nehmen, dass ich sofort meine Position überdacht habe, nachdem es mir klar wurde, dass, welche Gefahr auch immer dem Bewohner des Raumes drohte, diese nicht durch Fenster oder Tür gekommen sein konnte.	I can only claim the merit that I instantly reconsidered my position when, however, it became clear to me that whatever danger threatened an occupant of the room could not come either from the window or the door.
Wie ich schon bemerkt hatte, wurde meine Aufmerksamkeit schnell auf die Lüftung und das Klingelseil gelenkt, das neben dem Bett hing.	My attention was speedily drawn, as I have already remarked to you, to this ventilator, and to the bell-rope which hung down to the bed.
Die Entdeckung, dass es eine Attrappe und dass das Bett fest auf dem Boden fixiert war, gaben sofort Anlass zu der Vermutung, dass das Seil als eine Art Brücke diente für das, was durch die Öffnung kam, um auf das Bett zu gelangen.	The discovery that this was a dummy, and that the bed was clamped to the floor, instantly gave rise to the suspicion that the rope was there as a bridge for something passing through the hole and coming to the bed.
Mir kam sofort der Gedanke an eine Schlange. Wenn ich dies mit dem Wissen kombinierte, dass der Doktor mit Geschöpfen aus Indien versorgt wurde, fühlte ich, dass ich wahrscheinlich auf der richtigen Spur war.	The idea of a snake instantly occurred to me, and when I coupled it with my knowledge that the doctor was furnished with a supply of creatures from India, I felt that I was probably on the right track.
Die Idee, eine Art von Gift zu benutzen,	The idea of using a form of poison

welches durch einen chemischen Test nicht nachgewiesen werden konnte, war von der Art Eingebung, wie ihn ein cleverer und rücksichtsloser Mann mit östlicher Ausbildung bekommen könnte.	which could not possibly be discovered by any chemical test was just such a one as would occur to a clever and ruthless man who had had an Eastern training.
Die Schnelligkeit, mit der solch ein Gift wirkt, würde aus seiner Sicht ebenfalls ein Vorteil sein.	The rapidity with which such a poison would take effect would also, from his point of view, be an advantage.
Es hätte in der Tat sehr scharfe Augen des Leichenbeschauers erfordert, um die beiden kleinen dunklen Stiche zu erkennen, von wo aus die Giftzähne ihre Wirkung erzielt hatten.	It would be a sharp-eyed coroner, indeed, who could distinguish the two little dark punctures which would show where the poison fangs had done their work.
Dann dachte ich an die Pfeife.	Then I thought of the whistle.
Natürlich muss er die Schlange zurückrufen, bevor das Morgenlicht sie ihrem Opfer enthüllt.	Of course he must recall the snake before the morning light revealed it to the victim.
Er trainierte sie, zu ihm zurückzukehren, wenn er sie rief, wahrscheinlich durch den Einsatz der Milch, die wir gesehen hatten.	He had trained it, probably by the use of the milk which we saw, to return to him when summoned.
Er würde die Schlange durch die Lüftung stecken zu einer Stunde, die er für die günstigste hielt, mit der Gewissheit, dass sie das Seil hinuntergleiten und auf dem Bett landen würde.	He would put it through this ventilator at the hour that he thought best, with the certainty that it would crawl down the rope and land on the bed.
Sie würde seine Insassin beißen oder nicht, vielleicht würde die Bewohnerin eine Woche lang verschont bleiben, aber früher oder später würde sie zum Opfer werden.	It might or might not bite the occupant, perhaps she might escape every night for a week, but sooner or later she must fall a victim.
Ich war zu diesen Schlussfolgerungen gekommen, noch bevor ich sein Zimmer betrat.	I had come to these conclusions before ever I had entered his room.
Eine Untersuchung seines Stuhls zeigte mir, dass er die Gewohnheit hatte, darauf zu stehen, was natürlich nötig war, um die Lüftung zu erreichen.	An inspection of his chair showed me that he had been in the habit of standing on it, which of course would be necessary in order that he should reach the ventilator.
Der Anblick des Safes, die Tasse Milch und die Peitschenschlaufe waren genug, um endgültig alle Zweifel auszuräumen, die vielleicht noch geblieben waren.	The sight of the safe, the saucer of milk, and the loop of whipcord were enough to finally dispel any doubts which may have remained.

Der metallische Klang, den Miss Stoner hörte, wurde offensichtlich von ihrem Stiefvater verursacht, wenn er hastig die Tür des Safes über seinen schrecklichen Insassen verschloss.	The metallic clang heard by Miss Stoner was obviously caused by her stepfather hastily closing the door of his safe upon its terrible occupant.
Nachdem ich mir meine Meinung gebildet hatte, kennen Sie die Schritte, welche ich unternahm, um die Sache zu überprüfen.	Having once made up my mind, you know the steps which I took in order to put the matter to the proof.
Ich hörte die Kreatur zischen, ich habe keinen Zweifel, dass Sie es auch hörten. Ich zündete sofort ein Licht an und ging auf sie los.	I heard the creature hiss as I have no doubt that you did also, and I instantly lit the light and attacked it.
Mit der Folge, dass ich sie durch die Lüftung vertrieb.	With the result of driving it through the ventilator.
Und mit der weiteren Folge, dass sie sich gegen ihren Meister auf der anderen Seite wandte.	And also with the result of causing it to turn upon its master at the other side.
Einige meiner Schläge haben gesessen und weckten ihr schlangenartiges Naturell, sodass sie die erste Person angriff, die sie sah.	Some of the blows of my cane came home and roused its snakish temper, so that it flew upon the first person it saw.
Auf diese Weise bin ich ohne Zweifel indirekt verantwortlich für den Tod von Dr. Grimesby Roylott. Ich kann nicht sagen, dass es sehr schwer auf meinem Gewissen lasten wird."	In this way I am no doubt indirectly responsible for Dr. Grimesby Roylott's death, and I cannot say that it is likely to weigh very heavily upon my conscience."

Für den **kostenlosen Erhalt des Hörbuchs** in englischer Sprache senden Sie bitte eine EMail an **bonusmaterial@forum-sprachen-lernen.com**, **Betreff Sherlock Holmes**. Ihre Adresse wird nicht weitergegeben.

Sie erhalten dann einen Link zum Download, sowie eine kurze Anleitung zum Englisch lernen mit zweisprachigen Texten und Audio.

Das Hörbuch ist ideal geeignet sich die Geschichte nebenbei immer wieder anzuhören. Sie trainieren dann ebenfalls Hörverständnis, Aussprache und erreichen eine Vertiefung des gelernten Wortschatzes.

Mund-zu-Mund-Propaganda ist für den Erfolg jedes Autors wichtig. Wenn das Buch Ihnen gefallen hat oder geholfen hat Sprachen zu lernen bitte ich Sie einen Kommentar auf Amazon in Erwägung zu ziehen. Auch wenn es nur ein oder zwei Zeilen sind, es wäre für mich eine riesige Hilfe.

Wenn Sie eine E-Mail erhalten wollen wenn ein neues Buch erscheint, können Sie hier (http://eepurl.com/bkN_Ff) den Newsletter dafür abonnieren. Sie erhalten die Mail nur im Falle von Neuerscheinungen, und können jederzeit den Newsletter abbestellen. Ihre Adresse wird nicht an Dritte weitergegeben.

Wenn Sie Ihre Sprachkenntnisse weiter verbessern wollen, gibt es weitere zweisprachige Bücher von Forum-Sprachen-Lernen:

Englisch – Französisch:

The Picture of Dorian Gray (mit Audio) (Psychologischer Thriller)
The Snow Queen   (Märchen von H.C. Andersen)

Deutsch – Englisch:

Der Weihnachtsabend (Die berühmte Geschichte des geizigen Mr. Scrooge)
Alice im Wunderland (Ein Klassiker der Kinderliteratur)
Nils Holgersons wundersame Reise (von Literaturnobelpreisträgerin Selma Lagerlöf)
Die Schneekönigin (Märchen von H.C. Andersen)
Das Bildnis des Dorian Gray (Mystery, Psychological Thriller)
Der Untergang des Hauses Usher und drei weitere Geschichten von Edgar Allan Poe
Die Liga der Rothaarigen (Ein Sherlock Holmes Abenteuer)

Deutsch – Französisch:

Das Bildnis des Dorian Gray (Mystery, Psychological Thriller)
Die Schneekönigin (Märchen von H.C. Andersen)

Deutsch – Italienisch

Alice im Wunderland (Ein Klassiker der Kinderliteratur)

Treten Sie in Kontakt!

Wenn Sie Kommentare, Vorschläge das Buch zu verbessern oder andere Kommentare zum Thema Sprachen lernen haben, können Sie mich gerne via blog@forum-sprachen-lernen.com kontaktieren oder meinen Blog besuchen www.forum-sprachen-lernen.com/blog.

Made in United States
Orlando, FL
13 June 2023